Éder Paschoal Pinto
Pós-Doutor em Gestão de Negócios

ARTE E CIÊNCIA DO ATENDIMENTO AOS
CLIENTES
Arquitetura Construída com os Fundamentos das
Funções Gerenciais

Atender bem para:
✓ Transformar sonhos em realidade.
✓ Sentir prazer por contribuir com semelhantes.
✓ Conquistar e manter clientes.
✓ Manter-se empregável ou ter o próprio negócio.
✓ Faturar muito, lucrar e prosperar.

ISBN 978-17-915864-9-2
CIP-BRASIL, CATALOGAÇÃO NA FONTE

Arte e ciência do atendimento aos clientes: arquitetura construída com os fundamentos das funções gerenciais / Éder Paschoal Pinto – 2. ed. – Brasil: Edição do próprio autor, 2019.

Inclui glossário, bibliografia e apêndices.

ISBN 978-17-915864-9-2

1. Atendimento 2. Comunicação 3. Negociação 4. Avaliação.

Revisão gramatical: Éder Paschoal Pinto
Capa: Éder Paschoal Pinto

Para meus descendentes
Alysson Eduardo,
Fernando Eduardo,
Camilly Gabriela,
Eduardo.

fontes basilares de minha inspiração

Prefácio

Esta edição está enriquecida em relação à anterior, mediante a inserção do capítulo 5 (Ambiente Eletrônico de Negócios), adição da seção 2.5 (Contratação, Desenvolvimento e Retenção da Equipe de Atendimento), adição da seção 6.5 (Atendimento em Lojas Eletrônicas), adição da seção 7.6 (Montando a Engrenagem); criação do Apêndice 1, para agregar as súmulas de casos de descasos em atendimento e junção de novas súmulas, reestruturações de capítulos e adição de exemplos da vida real.

Os incrementos fortaleceram ainda mais as seguintes seções: Questões para estimular debate e assimilação de conteúdo, constante do Capítulo 2 em diante; Glossário e as referências. Por exemplo, o atual glossário conta com quase 170 verbetes constituindo, assim, uma fonte inestimável de ajuda para o entendimento de conceitos — a meu ver, se esta obra contivesse apenas esta seção ela já compensaria o investimento.

A partir desses valores agregados a arquitetura ganhou perspectiva mais atraente, ou seja, ficou assentada nos quatro pilares das funções gerenciais, isto é, planejamento, organização, execução e controle.

Uma das virtudes marcantes da Arte e Ciência do Atendimento aos Clientes é a sua prática, em especial por contar com significativa quantidade de exemplos da vida real, grafados de forma destacada em diversas e diversas páginas, e por reunir 14 súmulas de casos reais, no Apêndice 1. Ainda nesta vertente (das virtudes práticas) se destaca a ordem da estrutura da obra, disposta nesta sequência: o que saber (Parte A. Fincando as Estacas do Atendimento), para praticar (Parte B. Atendendo) e como analisar e desenvolver a prática (Parte C. Analisando e Evoluindo o Atendimento).

Conquanto a primeira edição tenha sido publicada há menos de dois anos, os conhecimentos de gestão evoluíram, em especial com o suporte do avanço da tecnologia da informação, destarte, incorporei esse avanço nesta edição.

Orientações destinadas à leitura e à compreensão do conteúdo

Cada pessoa conhece a sua melhor forma de aprender, no entanto isso não dispensa dicas orientadas ao processo de entendimento desta obra. Assim, se você está iniciando estudos em atendimento, leia primeiro o glossário — para compreender os conceitos essenciais e ter mais facilidade de entender o conteúdo de cada capítulo — e em seguida volte ao Capítulo 1 e continue na ordem da estrutura estabelecida no livro. Se você não é um iniciante em estudos de atendimento e seu principal objetivo é aprender mais com os fundamentos do atendimento, leia primeiramente a Parte A, em seguida a Parte C, depois a Parte B e por fim o

Apêndice 1. Se você é do tipo que gosta de ir diretamente à prática, leia inicialmente a Parte B, depois o Apêndice 1, siga com a Parte C, e, por fim, a Parte A. Visando estimular ainda mais a sua aprendizagem, segue uma dica essencial, ou seja, do Capítulo 2 ao Capítulo 7 labore na seguinte ordem:

1. leia o título e o objetivo;
2. responda, por escrito, às questões grafadas no final do capítulo;
3. leia as demais seções do capítulo;
4. responda novamente às questões, sem olhar as respostas anteriores;
5. compare as respostas dadas nos dois momentos.

Explico o porquê dessa recomendação, isto é, respondendo às perguntas antes de ler o capítulo você perceberá os pontos em que tem menor domínio e assim emergirá a motivação para dar ênfase na leitura e aprendizagem dos mesmos, cuja motivação, por seu turno, constitui uma alavanca ao aprendizado. Comparando as respostas emitidas antes e após a leitura, você saberá o quanto aprendeu.

Sumário

PARTE A. Fincando as Estacas do Atendimento

Capítulo 1
Introdução do Atendimento Primoroso

1.1 Objetivo do Capítulo

Descrever e comentar a origem e os atributos da obra, bem como os benefícios esperados em sua aplicação.

1.2 Origem da Obra

Esta obra é fruto da longa trajetória profissional, iniciada na infância, de um ser que após aprender as primeiras letras, começou a ler histórias em quadrinhos, como Pato Donald e Tio Patinhas, e acreditou que poderia aprender e aplicar habilidades comerciais, mas com estilo distinto aos desses personagens. Essa criança começou a exercer atividade comercial com menos de cinco anos, a partir de venda de verduras, de porta em porta, que sua avó acondicionava em uma pequena cesta. A cada venda conquistada, a sua motivação se elevava geometricamente, em especial em virtude de ouvir comentários, como "que gracinha, tão 'novinho' e já está vendendo verduras"[1].

Com menos de dez anos, o menino começou a exercer trabalho autônomo, isto é, a profissão de engraxate, pois ela lhe daria a oportunidade de desempenhar todas as funções do composto mercadológico (4Ps), isto é:

1. *produção* — o ato de engraxar;
2. *preços* — negociar com os clientes o preço segundo o serviço: um preço para limpeza, outro para uma demão de graxa, outro para duas demãos de graxa;
3. *praça ou distribuição* — o ato de desempenhar seu serviço na praça, literalmente, de uma cidadezinha que à época contava com menos de 10 mil habitantes;
4. *promoção* — a disseminação de impulsionadores de seus serviços, por exemplo, alta qualidade a preço acessível, contava essencialmente com propagandas boca a boca de clientes.

Compreendendo que poderia prestar serviços mais desafiantes, com apenas doze anos, conseguiu emprego — sem registro na Carteira de Trabalho — nas

---

[1] A palavra motivação é formada pelo radical "motiv-" (significação externa da palavra) e o morfema derivacional "-ação", ou seja, o motivo que induz à ação.

Casas Pernambucanas. O desafio era enorme, visto que, como auxiliar de vendas, apresentava diversos produtos para "não deixar" o interessado sair da loja sem comprar ao menos alguns centímetros de tecido ou qualquer pecinha, para tanto, apresentava um conjunto de argumentos, como adequação do tecido ao estilo pessoal do interessado, moda em vigor, mercadorias com preços promocionais etc. Além disso, incumbia-lhe a "esperteza" de sair "voando" da loja, quando um fiscal do trabalho acessava o pequeno município onde a loja se situava — a toalete, situado no quintal da loja, era o melhor refúgio quando aqueles "caras", portando pastas pretas, acessavam o estabelecimento inesperadamente.

Acreditando em sua capacidade profissional, aos 18 anos candidatou-se e conseguiu emprego em uma empresa de produção e vendas de cigarros, como Chefe de Escritório na cidade de São José do Rio Preto, SP, e, posteriormente, foi transferido para a cidade de São Paulo, SP, como Supervisor de Vendas. Nessa atividade, aprendeu técnicas de negociação e liderança em vendas, em especial, desenvolver as etapas de atendimento em vendas, quais sejam:

1. iniciar o contato com o cliente de forma a criar um relacionamento pessoal cordial;
2. sondar seus interesses;
3. apresentar produtos;
4. tratar dúvidas ou objeções;
5. concluir a transação, especialmente ao verificar a satisfação do atendido com o atendimento e com a compra e, tempo depois;
6. avaliar a satisfação do adquirente, seu desejo de novos produtos etc. (pós-vendas).

Em seguida, essa empresa o alocou nas filiais de Goiânia e Brasília, visando contribuir com os gestores locais em reorganizações das atividades comerciais.

Entre esse momento de sua vida e hoje, sua experiência avançou, por exemplo: fundou e gerenciou lojas de varejo; exerceu o papel de estudante e de consumidor em países do exterior, como Austrália, Estados Unidos e Inglaterra; laborou como professor da educação superior, ministrando temas, como gestão da força de trabalho, gestão de marketing, gestão estratégica e afins.

De posse desse conhecimento adquirido ao longo de sua vida, esse profissional decidiu produzir e entregar-lhe esta obra, visando contribuir com a sua aprendizagem e com as das pessoas e organizações com as quais você compartilhar o conhecimento que incorporar, a partir da leitura. Ele espera, portanto, que você o aplique plenamente, pois se a qualidade de seu atendimento melhorar com a aplicação do conteúdo desta obra ela estará alcançando os frutos que espera colher. Assim, você e os atendidos estarão satisfeitos com os meios aplicados e com o alcance de vossos objetivos. De forma similar, as organizações alcançarão suas finalidades. Enfim, todos colherão e saborearão frutos nutritivos de excelência.

1.3 Atributos da Obra

Esta obra procura romper as amarras da concepção de que o atendimento se restringe ao relacionamento de atendentes com atendidos — realizado em balcão, por telefone ou Internet —, visto que o conceito nasce com uma ideia de atendimento a necessidades e desejos não satisfeitos, avança para um projeto de criação do bem que os atendem, continua com a produção, com a oferta e entrega de bens, com a análise da satisfação do atendido e com ações de melhoria contínua. Posto isso, o atendimento consiste em ações permanentes realizadas nos contextos intramuros e extramuros das organizações. Portanto, se você labora em uma organização que desenvolve certa atividade — industrial, comercial, serviçal, confessional, caritativa etc. — você presta atendimento intramuros (aos seus pares, aos seus liderados, aos seus líderes) e extramuros (aos clientes, fornecedores, parceiros comerciais etc.), quer diretamente, quer indiretamente.

Vou aplicar uma metáfora para expressar a importância do atendimento, ou seja, ele consiste no cérebro e no coração do corpo organizacional, visto que, como cérebro, planeja e organiza os relacionamentos e, como coração, o movimenta e o controla por impulsos. Deste modo, se o cérebro institucional não desempenhar bem o seu papel de planejar e organizar os atendimentos, o coração da instituição irá reagir de modo impulsivo, podendo até levá-la à UTI ou ser incapaz de contribuir com suas funções vitais, por se sentir impotente para bombear os relacionamentos. Em outras palavras, o cérebro institucional estabelece o propósito, a visão, os valores e as políticas do atendimento ao público-alvo e o coração, como centro motor da circulação do relacionamento nas artérias organizacionais, cumpre o papel de alimentar o corpo institucional — às vezes os gestores pensam que a organização está viva, por verificarem que o atendimento continua de algum modo, em certo grau, mas isso se dá em virtude de a pulsação restar apenas por ventilação artificial, ou seja, nessa situação o coração é incapaz de realizar suas atividades de modo isolado, pleno, portanto, é momento de retirar o aparato institucional de campo, visto que a morte encefálica da organização está decretada, ou seja, não há perspectiva de recuperação vital, visto a ausência irreversível das funções neurológicas.

Não obstante a importância do atendimento para o bem-estar dos atendidos, dos próprios atendentes e para a lucratividade da empresa, ele é sofrível em muitas e muitas organizações, conforme mostram as súmulas de casos grafadas no Apêndice 1 e demonstram as estatísticas das reclamações, por exemplo, as constantes do site Reclame Aqui.

Ao longo da obra, há conceitos, exemplos, questões de revisão e no apêndice há súmulas de casos reais, sendo que todos esses tópicos e o próprio conteúdo teórico estão orientados para expressar a realidade do mercado brasileiro, portanto, a nossa cultura — não a cultura do "Tio Sam". Assim, o conteúdo deste livro não provoca o sentimento, traduzido pelo adágio popular, de que "na prática a teoria é outra" — sentimento que geralmente desponta ao se ler obras que contemplam realidades de outros países. Entrementes, tendo-se em vista que os conceitos (modos de compreender, pensar sobre algo) estão grafados para sugerir práticas saudáveis — e em certa extensão, a prática deles destoa —, você pode, nesses trechos, ter o sentimento de que há dissonância entre a prática e a teoria.

Para melhor entendimento do título, esta obra assume que há harmonia entre "arte e ciência", ou seja, enquanto arte do atendimento desempenha um conjunto de técnicas destinadas a satisfazer, de forma criativa, inspiradora e bela, os interesses da pessoa em atendimento; a ciência do atendimento se apoia em um corpo de conhecimento que explica os significados das necessidades, desejos e expectativas do ser humano e de suas satisfações. No entanto, há um elenco de filósofos, cientistas, artistas e outros "istas" que discorda de que haja harmonia entre a arte e a ciência[2].

O verbete 'cliente', que complementa o título, inclui tanto os clientes propriamente ditos, quanto clientes internos, fornecedores e outros parceiros comerciais. Com essa abrangência, reforça o fato de que o atendimento faz parte de todas as funções quer intramuros quer extramuros; assim seja qual for o cargo que você exerce você presta atendimento.

A expressão "arquitetura construída com os fundamentos das funções gerenciais", grafada no subtítulo, reforça o entendimento de que arte e ciência se complementam, isto é, a frase "arquitetura construída com" concerne à arte e a frase "fundamentos das funções gerenciais" refere-se à ciência da gestão.

Em suma, o título da obra visa exprimir a qualidade do atendimento que você pode incorporar ao ler e praticar as técnicas e os conceitos aqui apresentados. Em outras palavras, seu contínuo atendimento de maneira primorosa — ao menos adequada — tende a criar a cultura da superação dos próprios limites e, como proventos, manter o relacionamento com o público que atende e despertar o interesse de mais e mais pessoas em aquisições de seus préstimos — dessa maneira, você e a organização na qual você labora caminham paralelamente às crises, concorrências, desempregos e afins. Em outras palavras, o foco em seu

---

[2] O artigo "Para Que um Diálogo entre Ciência e Arte" analisa os posicionamentos de cientistas, historiadores, filósofos e de outros estudiosos sobre a temática. Disponível em <http://www.scielo.br/scielo.php?script=sci_arttext&pid=S0104-59702006000500001>. Acesso em: 01 de set. 2018.

desempenho pessoal na superação dos próprios limites gera aprendizado, crescimento.

Ao ler certos trechos da obra e as súmulas de casos você poderá estranhar o tom crítico, no entanto, é oportuno lembrar de que as organizações realizam boas e más práticas, coerências e contradições, avanços e recuos e não há como escapar dessa realidade. Em termos análogos, se as organizações quisessem se livrar das contradições que a vida organizacional apresenta, teriam de cavar buracos no solo e enfiar as suas cabeças, no entanto, seus corpos ficariam de fora sofrendo o impacto dos fenômenos opostos.

Mintzberg (2010, p. 165) explica os motivos que levam as organizações a realizarem práticas que destoam do desejo de seus próprios membros e do público nela interessado, a partir de cinco "inescapáveis enigmas da gestão": enigmas do pensamento, enigmas da informação, enigmas das pessoas, enigmas da ação e enigmas gerais[3].

Exemplos de enigmas:

* Como se aprofundar quando há tanta pressão para finalizar o trabalho?
* Como gerenciar quando não se pode confiar na possibilidade de mensuração?
* Como trazer ordem ao trabalho dos outros quando o próprio trabalho da gestão é tão desordenado?
* Como manter um nível suficiente de confiança sem acabar ficando arrogante?
* Como agir decisivamente em um mundo complexo e cheio de nuances?
* Como gerenciar a mudança quando é necessário manter a continuidade?

Enigmas como esses aprisionam as pessoas que preferem permanecer na zona de conforto e constituem oportunidade para as pessoas que gostam de desafios, especialmente em momentos de crise — um bom começo para superar a crise consiste na supressão da letra "s": gerando, assim, o verbete "crie".

Mesmo que haja forte cultura para a superação dos próprios limites, para lidar adequadamente com enigmas e para a criatividade, haverá falhas, no entanto, sabe-se que elas podem ser analisadas e incorporadas ao conhecimento e, assim, constituírem fontes inspiradoras ao processo de crescimento. Nessa artéria, há uma infinidade de exemplos na literatura da gestão que demonstram que boa parte dos acertos não foi originada pela casualidade, mas pela causalidade, ou seja, pessoas e organizações analisaram as suas falhas e promoveram ações corretivas. Em outras palavras, evoluíram a partir do aprendizado que os erros oportunizaram. Por exemplo, conta-se que um dos produtos mais bem-sucedidos na história da 3M, o Post-It, surgiu de um adesivo de baixa aderência que ficou

---

[3] MINTZBERG, H. *Managing*: desvendando o dia a dia da gestão. Porto Alegre: Bookman, 2010.

por certo tempo sem utilidade, visto que ninguém sabia como utilizá-lo. É com base em exemplos como esse — em que a "falha" foi a semente do cultivo do sucesso — que esta obra apresenta exemplos e súmulas de casos que possibilitam aprender com falhas cometidas por organizações. E, é sempre bom lembrar, que o aprendizado com erros alheios não gera prejuízo, apenas benefícios.

Sintetizando a questão de estilo, propósito e significados, a epistemologia da obra congrega tanto a simetria como a assimetria de marketing e o texto está construído para somar conhecimentos aos obtidos por pesquisadores e por práticos do atendimento — gestores comerciais, atendentes da linha de frente e demais pessoas que estão diretamente ou indiretamente conectados ao atendimento.

Capítulo 2
Planejamento e Organização do Atendimento com Qualidade

2.1 Objetivo do Capítulo

Apresentar e discutir conceitos, técnicas e recomendações ao atendimento com qualidade, com a égide das funções gerenciais.

2.2 Motivação ao Atendimento com Qualidade

Dentre os diversos significados do verbete 'atender', grafados pelo dicionário Aulete Digital, encontram-se: Prestar atenção a (algo ou alguém). Receber (alguém) profissionalmente (um médico, um advogado etc.). Conceder audiência. Receber (alguém) de modo cortês. Dar assistência. Servir à mesa ou a clientes. Resolver questão dando solução (favorável ou não). Satisfazer (vontade, intenção etc.)[4]. Destarte, o atendimento faz parte do cotidiano de todos os seres humanos e das demais espécies, visto que em um ambiente social cada ser interage com outros e, por óbvio, as interações acontecem apenas quando há ações recíprocas, em outras palavras: atendimento. Em outras palavras, cada membro de uma organização realiza atividades que se destinam ao público que a organização serve, isto é, aos adquirentes intermediários ou finais de bens tangíveis ou intangíveis que a organização produz. Por exemplo, um faxineiro é um atendente de serviço de higiene que beneficia colegas de trabalho e adquirentes de bens que a empresa produz, quando acessam seus estabelecimentos, como lojas, escritórios, fábricas e assemelhados. Semelhantemente, um auxiliar de produção atende aos pares, ao supervisor, ao proprietário e aos adquirentes dos bens que a empresa produz. Pode parecer exagero citar ocupantes de cargos considerados elementares — como faxineiro e auxiliar de produção — como exemplos de atendentes que interagem de alguma forma e em certo grau com atendidos, em especial com clientes externos. É exagero? Pois bem, demita os faxineiros, em especial das empresas que acolhem clientes cotidianamente — hospitais, hotéis, restaurantes etc. — e verifique, dias depois, o que acontece nessas empresas se ninguém fizer faxina. Você admitiria ser internado em um hospital nessa condição? Você se hospedaria em um hotel nessa condição? Você faria refeições em um restaurante

---

[4] AULETE DIGITAL. *Atender, 2016*. Disponível em: <http://www.aulete.com.br/atender>. Acesso em: 24 ago. 2016.

nessa condição? Com certeza, não. Outros clientes também tomariam a mesma decisão — e sem cliente a organização falece. Comenta-se que Bill Marriot[5] dizia: "Mantenha o ambiente limpo e cordial e todo o resto se arranja".

Atender não significa o exercício exclusivo de atos favoráveis ao atendido, mas inclui situações que exigem decisões não favoráveis a ele, isto é, pode-se proibir ações ou negar solicitações do atendido que ferem aos sagrados princípios de atendimento. Em situações como essa, o atendimento consiste em atender para construir, não para destruir. Por exemplo, se um cidadão estiver se comportando inadequadamente em um centro de compras, ele poderá ser retirado e, dependendo da gravidade do seu ato, poderá ser preso e responder a processo judicial. Outro exemplo, suponhamos que um fã de uma artista queira demonstrar sua paixão por ela e durante uma apresentação acessa ao palco e tenta praticar atos "de expressão de amor" que a impeça de continuar o show. Por óbvio, a solicitação ou ação será bloqueada e o fã poderá ser "convidado" a se retirar do evento e, posteriormente, processado judicialmente.

Os significados, as explicações e os exemplos acima citados trazem à tona algo que parte das organizações ainda não adquiriu consciência, isto é, que além das pessoas que estão na linha de frente do atendimento (gestores de marketing, atendentes, recepcionistas etc.), toda e qualquer pessoa que trabalha em organizações exerce atendimento e suas ações impactam os resultados da organização.

Em virtude de o atendimento constituir o caminho da conquista e a manutenção de clientes e as receitas que sustentam o negócio, sua condução requer a aplicação de princípios salutares.

Pergunta-se: por que os clientes ficam insatisfeitos?

As insatisfações dos clientes decorrem do não atendimento de suas necessidades, desejos e expectativas, cuja negativa se origina, por seu turno, de divergências em fatores, como crença, objetivo, ideia, percepção e atitude.

Qual é o principal desafio que a equipe de linha de frente do atendimento encontra no cotidiano?

O desafio principal é identificar claramente as naturezas das discordâncias que impactam no grau de satisfação dos atendidos, pois se elas não forem esclarecidas e tratadas a empresa perderá clientes, cotidianamente. Por isso, organizações evoluídas estimulam clientes a manifestar abertamente os níveis de satisfação com os atendimentos que recebem, com os produtos que adquirem e com seus consectários, como, cuidados e pontualidades nas entregas ou instalações e instruções sobre uso — o Capítulo 7 apresenta técnicas para a análise e o desenvolvimento do atendimento, portanto, o objetivo desta seção é apenas de introduzir o tema.

---

[5] Ex-presidente executivo e presidente do conselho de administração da Marriott International, Inc. — uma das maiores empresas de hospedagem do mundo.

Tabela 2.1 — Exemplos de divergências em atendimento, segundo as suas naturezas

Natureza da divergência	Exemplo em que A significa atendente e C significa cliente
Crença	C aprecia ser atendido em consonância com a crença de que "o cliente é o rei", mas A crê que o cliente tem tanta importância como um atendente e assim desempenha o seu papel.
Objetivo	A quer obter certo faturamento e C quer comprar menos do que A quer faturar.
Ideia	A entende que as características de certo serviço agregado ao bem principal irá gerar certo benefício e C defende a ideia de que irá gerar benefício distinto.
Percepção	A avalia o atendimento como primoroso e C como ruim.
Atitude	A fala muito e permanece "colado" durante todo o atendimento e C se incomoda com esse jeito, pois prefere privacidade no ato da escolha de um produto

Nota: embora cada natureza pareça única, certas naturezas podem ser resultantes de, ou estar conectadas a outras, por exemplo, a divergência de objetivo pode ser resultante de crença — no caso, A quer obter certo faturamento por crer que tem o dever de cumprir a sua meta. Outro exemplo: A permanece "colado" em C durante o atendimento (atitude), pois crê que um bom vendedor assim procede.

2.3 Introdução da Qualidade do Atendimento

Os estudos sobre qualidade passaram por diversas eras: Inspeção, Controle Estatístico, Garantia e Gestão Estratégica[6]. Em outros termos, os estudos têm apontado seus focos sobre a manufatura de bens e sobre a qualidade da organização como um todo. Os estudos da manufatura de bens apontam para fatores, como a qualidade do processo de produção, qualidade do produto, qualidade da logística e afins. Os estudos da qualidade da organização — como um todo — apontam para fatores, como fundamentos organizacionais e qualidade das estratégias — enquanto o primeiro foco ilumina o status quo da qualidade em situações específicas, o segundo ilumina a capacidade de a organização alcançar e manter qualidade ampla. Estes olhares são mais abrangentes, pois avançam da eficiência do processo de manufatura de bens para a eficácia e efetividade da organização[7].

---

[6] GARVIN, D. A. *Managing quality*: the strategic and competitive edge. New York: Simon & Schuster, 1988.

[7] Dentre outras obras, consultar: JURAN, J. M. *Juran's quality handbook*: the complete guide to performance excellence. 6. ed. New York. NY: McGraw-Hill, 2010.

William Edwards Deming tem sido citado como vanguardista do conceito de qualidade que abrange a organização como um todo, a partir de sua contribuição para transformar o conceito de qualidade em qualidade total — é ampla a literatura que descreve as suas contribuições às organizações estabelecidas nos Estados Unidos e mais tarde às estabelecidas no Japão, em especial as geradas a partir da década de 1950. Suas proposições foram tão influentes que a qualidade (total) se tornou o atributo mais desejado pelas organizações nas últimas décadas do século passado. Por razões como essa, sua obra Out of the Crisis (1982) foi citada pela revista TIME como classificada entre as 25 mais influentes obras de gestão[8]. Segundo Deming (2013), a obtenção da qualidade total se dá com base em conhecimento. Recomendações para se alcançar defeito zero, atendimento às especificações e outros atributos do processo de fabricação não são suficientes para gerar qualidade. "É claro, não desejamos violar especificações, mas atendê-las não é suficiente"[9]. Nesse diapasão, flui o som da organização que se orienta para a qualidade total, visto que ela finca as suas estacas em 14 princípios[10]:

1. criar constância de propósito — ao invés da gestão "a toque de caixa";
2. adotar a filosofia da nova era econômica — os gestores precisam ter consciência dos novos desafios, aprender as suas responsabilidades e liderar a mudança;
3. cessar a dependência da inspeção exagerada e concentrar esforços na qualidade total;
4. mudar o foco do retorno baseado em elevação de preços, para o foco do retorno com base em redução de custos — adotar um único fornecedor para cada item e construir relacionamento de longo prazo, fundamentado em lealdade e confiança;
5. melhorar constantemente o sistema de produção — para melhorar a qualidade e a produtividade e, assim, diminuir constantemente custos;
6. instituir treinamento no trabalho;
7. instituir a liderança — compartilhar conhecimentos e auxiliar os colaboradores para que tenham bons desempenhos;
8. liderar a partir de um estilo que não gera ameaça, pois ela resulta em ansiedade e insegurança e prejudica o desempenho;
9. quebrar as barreiras entre os departamentos, para que as pessoas trabalhem como um time;

---

[8] TIME. *The 25 most influential business management books*: business guide, 2011. Disponível em: http://content.time.com/time/specials/packages/article/0,28804,2086680_2086683_2087681,00.html>. Acesso em: 21 ago. 2016.

[9] DEMING, W. E. *The essential Deming*: leadership principles from the father of quality. Columbus, OH: McGraw-Hill, 2013, p. 12

[10] DEMING, W. E. *Out of the crisis*. New York: MIT Press, 1986, p. 23-24.

10. eliminar slogans, exortações e metas, pois elas tendem a criar um relaciona-mento antagônico — a baixa qualidade e a baixa produtividade decorrem do sistema, não da força de trabalho;
11. eliminar as barreiras que constantemente tolhem o operário de sentir prazer por trabalhos bem-sucedidos — a responsabilidade do supervisor deve ser alterada do estabelecimento de cotas numéricas para a obtenção da quali-dade;
12. eliminar as barreiras que constantemente tolhem os ocupantes de cargos de gestão e engenharia de sentirem prazer por trabalhos bem-sucedidos — isso significa, entre outras coisas, a abolição da avaliação anual de desempenho, para fins de premiação, e da gestão por objetivos;
13. instituir um rigoroso programa de educação e autodesenvolvimento;
14. estimular todas as pessoas ao compromisso com a transformação, visto que ela é tarefa de todos.

Com o impulso destes princípios e de trabalhos de outros autores — a exem-plo de Joseph M. Juran — uma avalanche de pesquisas, artigos e livros foram publicados sobre qualidade e, assim, há um enorme volume de modelos de ges-tão da qualidade, como exemplos: Análise de causa raiz — "técnica analítica que determina a razão subjacente básica de uma variação, um defeito ou risco"[11] — e Diagrama de Ishikawa 6M (material, método, mão de obra, máquina, meio am-biente, medida).

Atualmente a atenção com a qualidade a integra a um conjunto mais amplo, por exemplo, a proposta de valor total.

Proposta de valor total. Inclui um conjunto de variáveis, como: qualidade do produto, capacidade da mão de obra, preservação do meio ambiente, per-fil do fornecedor, formação de preço, perfil do consumidor, custo que o adquirente tem para obter o bem.

Elejo o quarto princípio estabelecido por Deming, para emitir um alerta, sem, contudo, colocá-lo em nível de inferioridade ou superioridade aos demais, isto é, esse princípio transfere o foco de aumento de preços para a redução de custos, no entanto, faz-se necessário aplicar esse princípio com cautela e sem perder de vista os demais princípios. Por que recomendo cautela? Em tempos de "vacas magras", parte das organizações reveem suas estruturas e não é incomum se ob-servar a aplicação da técnica *downsizing* (procedimentos reativos e incisivos de reestruturação organizacional, mormente visando reduzir custos). Por constituir medida severa, muitas demissões ocorrem e neste momento a "rádio peão" entra

---

[11] PROJECT MANAGEMENT INSTITUTE. *Análise de negócios para profissionais*: um guia de práti-cas (Guia PMBOK). Trad. e rev. téc. Rubens Vinha Júnior. São Paulo: Saraiva, 2016.

em ação emitindo frases de efeito, como, "cuidado, você poderá ser a próxima vítima do facão". Assim, muitos empregados ficam apreensivos e, por isso, menos produtivos e tendem a ocultar problemas para não serem as próximas vítimas restando, assim, um clima organizacional de insegurança, impotência e ceticismo.

Em vez de técnicas incisivas e reativas, como o *downsizing*, as organizações poderiam aplicar outras menos radicais, mais eficazes e proativas, como o *rightsizing* (procedimentos cuidadosos e proativos de reestruturação organizacional, mormente objetivando fortalecer a competitividade da organização). Por que defendo este modo? Meu argumento central consiste no fato de que o *downsizing* é, em termos metafóricos, uma guilhotina que corta transversal e impiedosamente todos os elementos contidos em determinado espaço. Por seu turno, o modo *rightsizing* é, em termos metafóricos, um bisturi utilizado por um hábil cirurgião plástico que elimina a gordura sem arrancar pedaços de carne. Em outros termos, enquanto o *downsizing* faz certos cortes que expõem a organização ao risco de prejudicar as suas atividades essenciais, o *rightsizing* realiza os cortes certos, mormente preservando a qualidade dos serviços essenciais.

Exemplo de downsizing *que resultou em definhamento de uma instituição de ensino.* Certa ocasião um acadêmico foi contratado para coordenar um programa de mestrado em administração, em uma IES que anos após anos havia tentado obter, sem sucesso, o reconhecimento do MEC para esse programa. Não muito tempo depois de sua admissão, ele foi surpreendido com uma convocação para uma reunião coletiva com diretores de uma IES que havia adquirido a em que ele laborava. Na abertura do evento, a direção que a estava assumindo anunciou apenas notícias auspiciosas, no entanto, no momento em que a palavra foi concedida ao auditório, as perguntas efetuadas transformaram o ambiente promissor em um ambiente de certa inquietação e ceticismo. Tempos depois, a nova diretoria convocou o acadêmico para uma reunião. No início da conversa, ele não esperava nenhuma notícia indesejável, visto o cuidado com as palavras emitidas pelo representante da IES adquirente, mas, em determinado momento recebeu a notícia fatal, isto é, que estavam encerrando o programa de mestrado em administração; pior, com essa decisão ele e os demais docentes do curso estariam liberados para procurar "novos desafios". Por óbvio, o direito de manter ou dispensar empregados é reservado ao corpo de acionistas, no entanto, bem que a nova diretoria poderia discutir meios de aproveitamento do corpo docente. A propósito, havia dezenas e dezenas de discentes que encetaram reclamações judiciais contra a IES, em virtude de que ela manteve o curso sem reconhecimento por muito tempo e seus diplomas não teriam validade. Assim, esse problema poderia ser discutido e quiçá gerado uma proposta de abertura de um programa similar alternativo — evitando-se todos os erros cometidos, por óbvio — e negociar com os reclamantes as condições adequadas para seguirem o novo curso retirando, assim, seus pleitos judiciais. Tempos depois a tentativa de garantir lucro mediante o impetuoso corte mostrou-se ineficaz e a IES definhou-se.

2.4 Planejamento e Organização do Atendimento

A definição dos fundamentos institucionais (propósito, visão, valores e seus consectários) é condição *sine qua non* se atende as necessidades, desejos e expectativas do público-alvo; portanto ela constitui o primeiro passo a ser dado rumo ao desenvolvimento do atendimento com qualidade e dos negócios como um todo e necessitam estar nas mentes, nos corações e nas ações cotidianas de todos os colaboradores (internos e externos), visto que se eles não as incorporarem a organização tende a desviar-se de sua essência — seguem exemplos de cada componente dos fundamentos, aplicados a uma consultoria de gestão organizacional[12]:

Propósito. Contribuir com as organizações, para que identifiquem e gerenciem seus fundamentos institucionais e, a partir deles, estabeleçam e executem seus objetivos, políticas e planos estratégicos rumo às suas eficiências, eficácias e efetividades[13].

Visão. Ser referenciada como uma organização que presta serviços diferenciados de aconselhamento, em comparação às organizações de porte similar[14].

Valores.

- o ser humano é a principal fonte de energia e significado de nossa inspiração;
- nossas ações são fundadas em virtudes, como: probidade, acolhimento, reciprocidade, compreensão, proatividade;
- cultivamos atendimento heroico aos colaboradores internos e externos e todos participam das conquistas, tanto financeiras quanto psicológicas;
- sempre que necessário, nadamos contra a corrente: oposição à sabedoria convencional;
- toleramos falhas indesejadas: a criatividade e o bom propósito devem fluir livremente.

---

[12] Os exemplos são emitidos à mesma atividade (consultoria de gestão), visando facilitar o entendimento de suas aplicações.

[13] Exemplo constituído com base no seguinte significado do verbete 'propósito': intenção de realizar algo.

[14] Exemplo constituído com base no seguinte significado do verbete *visão*: percepção das possibilidades.

Posto o norte institucional e seus consectários[15] é momento de se definir os planos estratégicos de atendimento — o teor de cada plano depende do objeto e de seu objetivo, por exemplo, para equalizar práticas com expectativas no pós-vendas, podem ser elaborados planos de modelo de análise das condições necessárias para se obter informações do adquirente, concernente: (a) à sua satisfação com o bem adquirido, (b) à sua necessidade atual e futura de aquisição e, (c) com o que espera em termos dos próximos atendimentos.

Respostas às seguintes perguntas são úteis para definir os itens a serem incluídos nos planos: O quê? Quem? Onde? Como? Quanto? Quando? Para quê? Em outras palavras: o objeto, as pessoas, o local, o método, a quantidade, o período e a finalidade. De uma maneira geral, um plano pode conter os seguintes itens: a solução almejada; os requisitos que darão ensejo à solução; as estratégias para a obtenção dos requisitos; as ações essenciais ao alcance dos resultados esperados; o modelo de análise do desempenho; os cronogramas, e; as responsabilidades.

Alguns objetivos, valores e ações essenciais à elaboração de planos de atendimento, são: estabelecer um plano-mestre para cada natureza de expectativa e um plano alternativo a cada plano-mestre; estabelecer ações desafiantes e exequíveis; considerar o interesse do cliente como pertencendo à empresa; contar com equipes comprometidas com a eficiência, eficácia e efetividade do atendimento, e; cumprir todos os requisitos do plano.

A equalização da prática do atendimento com as necessidades, desejos e expectativas dos atendidos se apoia em cultura organizacional que:

- dá ênfase aos pontos críticos de interesse, visando manter os campos do entendimento e do atendimento interativos e vigorosos;
- valoriza os interlocutores, pois sabe que o ser humano tende a romper relações com quem não o valoriza;
- devota credibilidade aos interlocutores críveis;
- age com probidade, acolhimento, reciprocidade, proatividade, sempre;
- envida e mantém esforços para a satisfação de todos, pois o grau de satisfação é o termômetro da qualidade do atendimento;
- respeita acordos e os revisa quando há oportunidade de evoluí-los ou há equívocos, em especial quando fere o direito do consumidor;
- compartilha ganhos, pois sabe que todos os envolvidos no processo de atendimento têm direito a saborear os frutos que ele libera.

---

[15] Objetivos e políticas constituem os consectários do norte institucional.

2.5 Contratação, Desenvolvimento e Retenção da Equipe de Atendimento

Parte das organizações empresariais define o resultado financeiro como o principal objetivo. Não há nada de errado em almejar lucratividade e ela é necessária para manter o negócio, no entanto, há de se refletir que o resultado financeiro depende de gente, assim, gente constitui o objetivo-chave.

Neste diapasão emergem as notas musicais que afinam os fundamentos das funções da gestão da força de trabalho, ou seja, planejar, contratar, desenvolver e manter talentos humanos, visto que esse processo constitui a condição essencial para se obter eficiência, eficácia e efetividade do negócio.

Destarte, recomendo a todas as organizações direcionarem seus holofotes principais para os talentos humanos, quer para os que exercem funções específicas de atendimento (vendedor, médico, dentista, atendente de reclamações etc.), quanto para os que atendem diretamente a clientes internos e indiretamente a clientes externos.

2.5.1 Planejamento, atração e seleção de talentos

Ao decidir por estabelecer uma empresa, o empreendedor realiza as seguintes ações:

- identifica o setor e o segmento da economia que quer servir, bem como as necessidades, desejos e expectativas não atendidas nesse segmento, em especial suas densidades (amplitude e profundidade);
- avalia se tem capacidade para atendê-las e, se entender que sim;
- estabelece planos e define ações orientadas ao suprimento das necessidades.

Setores da economia: primário, secundário e terciário. *Exemplos de segmentos da economia*: pecuária, no setor primário; construção civil, no setor secundário; serviços, no setor terciário).

Em termos específicos, para atrair compradores, realizar vendas e obter lucro é necessário:

- produzir bens de qualidade;
- definir preços compatíveis com a disposição dos compradores em pagá-los;
- divulgar os produtos de modo sedutor;
- entregar os produtos em tempo oportuno ou facilitar o acesso dos interessados em suas aquisições;
- avaliar o grau de satisfação dos adquirentes e promover avanços, continuamente.

Na onda desses movimentos estratégicos surgem os planos de negócio e um dos itens desses planos consiste nas funções necessárias e no contingente de pessoas para realizá-las. Em outras palavras, a quantidade de cargos e a força de trabalho necessária resultam dos planos de negócio e requer que os cargos sejam descritos. Mas, como descrevê-los? Simples, mediante técnicas de apuração das características de cada função, como:

- apontamento feito pelo próprio ocupante;
- conversa informal de um analista de cargos com o ocupante;
- observação da execução do trabalho, por um analista de cargo ou por pessoa que conhece bem as funções do cargo;
- entrevista estruturada — perguntas previamente elaboradas e obtenção de respostas pontuais;
- *workshop* — grupo de especialistas que discute as características do cargo e aponta para as formas de desempenho.

Além de registrar as atribuições técnicas, uma boa descrição mostra fatores, como:

- o resumo da descrição;
- o impacto de cada atribuição nos resultados almejados;
- a interação da pessoa que desempenha as funções com outras que laboram nos ambientes intramuros e extramuros;
- os horários de trabalho;
- o prazo de validade da descrição, ou seja, de quanto em quanto tempo a descrição precisa ser revista;
- o perfil da pessoa para desempenhar a função: formação acadêmica, experiência profissional, gênero, estado civil, faixa etária, características físicas e afins — ao definir esse perfil leva-se em conta as normas legais, usos e costumes da sociedade e a própria cultura da empresa (propósito, visão, valores, crenças, costumes e os padrões de conduta que caracterizam o ambiente).

Dispondo dessas informações, a organização anuncia as vagas ao mercado, recebe currículos, entrevista candidatos e seleciona os adequados.

Da maneira como os procedimentos e as técnicas estão apresentados, tudo parece simples e de rápida solução, no entanto, o processo seletivo é um dos maiores problemas ou desafios que as organizações empresariais encontram neste momento de crise econômica e desemprego. Isto é, para lidar com as quedas de seus faturamentos, as organizações são compelidas a reduzir custos e dentre os critérios elas reduzem os custos com a mão-de-obra, em especial demitindo certa quantidade de laborais, assim, o contingente de desempregados e subempregados aumenta e a procura por empregos também, obviamente. Com isso, os recrutadores recebem uma quantidade exorbitante de currículos e ficam sem condições de analisar adequadamente a cada um e de efetuar triagens perfeitas ou adequadas, isto é, acabam descartando precocemente candidatos com competências superiores ao que irá ser admitido, por falta de tempo para ler cuidadosamente a cada currículo e realizar quantidade satisfatória de entrevistas. Por seus turnos, esses candidatos ficam ressentidos com a empresa, alguns a pressionam para saber o motivo de suas eliminações e tendem a não atender às futuras ofertas de vagas.

Para aliviar essa situação, recomendo anunciar claramente os requisitos essenciais e as restrições ao preenchimento da vaga, bem como a remuneração oferecida (salário e benefícios).

Sabendo das restrições e da remuneração, certos candidatos desistem e, com isso, há a redução da quantidade de currículos, no entanto, resta ao recrutador a incumbência de agradecer aos candidatos não selecionados e revelar os motivos de suas exclusões. Se assim não proceder, estará agredindo o valor "reciprocidade", visto que não correspondeu aos esforços que cada candidato empenhou, ou seja, emitidos na leitura da oferta, na preparação do currículo e no registro da candidatura. Ademais, leva-se em conta a expectativa que o processo gera em cada candidato.

Por medo de perda de emprego, há recrutadores e selecionadores que armam barreiras contra candidato que eles supõem que seja mais preparado que eles próprios. Destarte prestam desatendimentos à comunidade e embaçam a reputação das empresas para as quais laboram.

2.5.2 Ambientação e desenvolvimento de talentos

Admitida a pessoa é momento de ambientá-la na organização, sendo que a densidade da ambientação depende da função que ela irá exercer, isto é, para pessoa que irá desempenhar trabalho rotineiro e que exige relacionamento com poucas pessoas, basta definir um padrinho ou uma madrinha para ambientá-la com colegas e com as amenidades do ambiente de trabalho — por óbvio, esse apoio colateral não excluiu o papel de quem gerencia o setor de trabalho em termos de orientações para o desempenho das funções e coparticipação no processo de ambientação, no entanto, quando a pessoa recém admitida conta com alguém de seu nível hierárquico para apresentá-la para colegas e dar-lhe certas dicas, isso a deixará mais à vontade e a integração tende a evoluir mais rapidamente. Por este turno, no que concerne à pessoa que irá desempenhar tarefas variadas e terá de se relacionar com muitas outras, recomenda-se a elaboração e execução de um programa de visitas e conversações.

Exemplo: quando fui admitido para exercer uma função que exigia a elaboração de políticas do trabalho em uma organização que possuía diversas unidades fabris; antes de escrever uma linha sequer sobre políticas, eu passei por um programa de visitas e diálogos com os gestores principais das diversas unidades, com o objetivo de conhecê-los e, concomitantemente, entender e rascunhar as suas proposições sobre o conteúdo que eu iria desenvolver.

A identificação das necessidades de treinamento e desenvolvimento pode ser realizada a partir de observações cotidianas e de pesquisa.

Cotidianamente os gestores, os ocupantes de cargos e seus colegas de trabalho identificam necessidades de treinamento e desenvolvimento; a pesquisa, no entanto, requer ações mais elaboradas, ou seja, ser conduzida por meio de entrevistas estruturadas, análises de desempenho e afins e objetiva construir um programa para suprir lacunas de conhecimento, de habilidades motoras e de atitudes.

Identificadas as necessidades verifica-se a disponibilidade de verbas, a partir dos orçamentos realizados, no entanto há situações que não requerem investimentos significativos, como exemplos: *on-the-job training* (orientação no desenvolvimento cotidiano do trabalho); mudança de função, por revezamento.

Os treinamentos e desenvolvimentos que exigem investimentos podem ser conduzidos tanto pela própria organização, quanto por organizações externas.

Adicionalmente às estratégias de aprendizagem-ensino[16] acima apresentadas há outras, dentre elas:

- *brainwriting* — coleta escrita de ideias em que cada membro de um grupo agrega valor às emitidas pelos colegas;
- discussão de textos — atividade em que o instrutor compartilha a palavra com o grupo, mediante um ou mais textos;
- *e-Learning* — processo de aprendizagem digital (com base na Internet), que exige forte dedicação individual;
- exposição de conteúdo — atividade cuja palavra é centrada no instrutor;
- grupos de foco — grupos com domínios distintos que participam de uma discussão dirigida, sobre um tema específico;
- GV-GO (Grupo de Verbalização, Grupo de Observação) — atividade em que um grupo exerce o papel de protagonista (Grupo de Verbalização), enquanto o outro realiza o papel de coadjuvante ou de retroalimentação (Grupo de Observação);
- painel — grupo que debate ideias ou pontos de vista perante um público;

---

[16] Aplico o verbete aprendizagem antes do verbete ensino, visando apontar os holofotes para o objetivo-chave (aprender). Essa percepção difere da apreendida pelo senso comum que percebe o ensino (ensinar) como mais importante no processo — talvez pelo status do instrutor.

- *workshop* — grupo de especialistas que debate exaustivamente uma questão e desenvolve atividades práticas.

2.5.3 Gestão das recompensas concedidas aos atendentes

Definidos os fundamentos institucionais (propósito, visão, valores e seus consectários) e descritos os cargos, a organização os avalia visando remunerar os ocupantes de acordo com a sua política de recompensas.

A política de recompensas é um instrumento de gestão em que, dentre outros itens, define:

- a composição das recompensas, segundo seus fatores;
- as proporções de cada fator na remuneração;
- o parâmetro de comparação das recompensas concedidas;
- os requisitos de promoção.

Seguem algumas notas explicativas.

Composição das recompensas: fator salário e fator recompensas adicionais

Exemplos de variáveis do fator salário: salário mensal fixo, salário horário fixo, salário fixo mais comissão, salário fixo mais certo valor por produção.

Exemplos de variáveis do fator recompensas adicionais: plano de saúde, colônia de férias, carro para uso particular, com motorista, pagamento de mensalidades escolares.

Parâmetros de comparação das recompensas: mercado de trabalho como um todo; setor da economia ou algum segmento específico de algum setor.

Exemplos de segmentos da economia: agricultura, no setor primário; bens de consumo, no setor secundário, e; comércio, no setor terciário.

Exemplos de requisitos de promoção: vendas obtidas, reduções de custo, obtenção de títulos acadêmicos, tempo de permanência no cargo, assiduidade. Geralmente as promoções são acompanhadas de aumentos salariais que podem resultar salário na mesma faixa, na faixa superior ou na classe superior.

Definida a política de recompensa a empresa está apta a remunerar os laborais e o primeiro passo consiste no entendimento das recompensas praticadas no mercado e isso é feito mediante pesquisa, que pode ser conduzida pela empresa, por uma empresa especializada ou por outra qualquer.

Para conduzir a pesquisa por conta própria a organização define uma amostra de empresas, para tanto leva em conta os seguintes itens: quantidade, porte, papel (concorrente ou não), reputação (como empregadora) e região.

Definida a amostra, emite os convites e, às que aquiesceram, envia seu formulário de pesquisa — físico ou eletrônico — contendo as informações básicas, como o prazo para o provimento de informações, o resumo de cada cargo selecionado para pesquisa, bem como os seguintes campos para preenchimento de informações:

- recompensas, segundo as variáveis salariais e as cargas horárias de trabalho;
- quantidade de salários paga por ano — 13, 14 etc.
- localização do estabelecimento;
- método de revisão das recompensas;
- data-base e última revisão das recompensas;
- esclarecimentos.

Coletados os dados, realiza-se os seguintes procedimentos:

1. tratamento estatístico, segundo os métodos desejados;
2. informação dos resultados às empresas participantes;
3. revisão das recompensas, segundo a política adotada.

Recomendações para a gestão das recompensas aos atendentes

Como grafei na introdução deste capítulo, planejar, contratar, desenvolver e manter talentos humanos é condição prioritária para a obtenção da eficiência, eficácia e efetividade do negócio.

Para se manter os talentos laborando na organização faz-se mister tratá-los com probidade, em especial em termos de recompensas financeiras, mas é preciso sabedoria para gerenciá-las, para que elas não tolham a espontaneidade.

O que significa "tolher a espontaneidade"?

Tolher a espontaneidade significa recompensar de maneira condicional, isto é, condicionar a pessoa a emitir determinada ação, para receber a recompensa, como exemplo, oferecer prêmio por meta atingida, comissão por venda ou elogio para estimular um bom atendimento. Entrementes, estratégia como essas é prática secular de muitas, muitas e muitas empresas e condicionou tanto gestores, como funcionários que recebem premiações financeiras e boa parte só "funciona" se receber essa "cenourinha", esse "chocolatezinho" ou algo semelhante.

Em que teoria se baseia a proposta de não tolher a automotivação? Ela se fundamenta em apontamentos elaborados por vários estudiosos, bem como nos princípios de Deming, mais precisamente nos seguintes: 10 (eliminar ... metas), 11 (eliminar as barreiras que constantemente tolhem o operário de sentir prazer por trabalhos bem-sucedidos), 12 (eliminar as barreiras que constantemente tolhem os gestores de sentirem prazer por trabalhos bem-sucedidos).

Assim, o que é necessário fazer?

Mude o hábito — ou a organização continuará padecendo.

O que pode, então, substituir recompensas complementares ao salário fixo, como exemplo, a comissão por venda?

Estabeleça uma política e prática de gestão que atue na raiz da causa, isto é:

- estabeleça a cultura do atendimento primoroso — conforme recomendações descritas nesta obra;
- estabeleça salário fixo e outras recompensas não monetárias atraentes;
- selecione os melhores profissionais no preenchimento das vagas;
- crie um programa educativo adequado a cada área de resultado e o aplique constante e robustamente.

Tabela 2.2 — Exemplos de situações de risco e consequências oriundas da prática de pagamento de comissões, de prêmios por metas e afins

Situação de risco	Consequência
O vendedor, ou representante comercial, adia venda quando atinge a meta.	Adiamento da entrada da receita que pode requerer empréstimo financeiro a alto custo para honrar compromissos que poderiam ser satisfeitos com o faturamento se ele não fosse adiado.
O vendedor, ou representante comercial, articula-se com um cliente para realizarem uma falsa transação — compra, recepção e devolução de mercadoria.	Pagamento de comissões indébitas e assunção de custos com: (a) o despacho da mercadoria — quiçá também com o transporte da devolução, e; (b) eventuais avarias na mercadoria ou com sua obsolescência, e; custo financeiro da comissão no período em que o agente a reteve.

Nota: visando simplificar a redação, aplicou-se o gênero masculino como representante de ambos os gêneros, ou seja, aplicou-se o estilo facilitador, em vez do machista.

A Tabela 2.2 grafa exemplos de situações de risco oriundas da prática de pagamento de verbas salariais variáveis —conquanto as situações estejam descritas como exemplos, elas acontecem na vida real dos negócios.

A primeira situação tende a acontecer quando o comissionado quer evitar o risco de não atingir a meta estabelecida para o próximo período: mês, bimestre, trimestre etc. Assim, ele prefere adiar vendas que seriam factíveis no período em curso. Em outras palavras, esse comissionado pensa assim: o futuro é uma incógnita, portanto, as vendas podem melhorar, manterem-se estáveis ou piorarem, assim, é melhor eu adiar visitas ou pedidos que não dependem de ações breves.

2.6 Síntese do Capítulo

Dentre os diversos significados do verbete "atender", encontram-se: Receber (alguém) profissionalmente. Receber (alguém) de modo cortês. Dar assistência. Servir a clientes. Resolver questão dando solução (favorável ou não). Satisfazer (vontade, intenção etc.). Destarte, o atendimento faz parte do cotidiano de todos os seres humanos e das demais espécies, visto que em um ambiente social cada ser interage com outros e, por óbvio, as interações acontecem apenas quando há ações recíprocas, em outras palavras: atendimento. Por isso, o atendimento tem de ser realizado com qualidade, preferivelmente de maneira primorosa.

Os estudos da qualidade têm apontado seus focos sobre a manufatura de bens e sobre a qualidade da organização como um todo. Os estudos da manufatura de bens apontam para fatores, como a qualidade do processo de produção, qualidade do produto, qualidade da logística e afins. Os estudos da qualidade da organização apontam para fatores, como fundamentos organizacionais e qualidade das estratégias.

A definição dos fundamentos institucionais é condição *sine qua non* se atende as necessidades, desejos e expectativas do público-alvo; portanto ela constitui o primeiro passo a ser dado rumo ao desenvolvimento do atendimento com qualidade e os fundamentos necessitam estar nas mentes, nos corações e nas ações cotidianas de todos os colaboradores, visto que se eles não os incorporarem a organização tende a desviar-se de sua essência.

Posto o norte institucional e seus consectários é momento de se definir os planos estratégicos de atendimento.

De uma maneira geral, um plano pode conter os seguintes itens: a solução almejada; os requisitos que darão ensejo à solução; as estratégias para a obtenção dos requisitos; as ações essenciais ao alcance dos resultados esperados; o modelo de análise do desempenho; os cronogramas, e; as responsabilidades.

Alguns objetivos, valores e ações essenciais à elaboração de planos de atendimento, são: estabelecer um plano-mestre para cada natureza de expectativa e um plano alternativo a cada plano-mestre; estabelecer ações desafiantes e exequíveis; considerar o interesse do cliente como pertencendo à empresa; contar com equipes comprometidas com a eficiência, eficácia e efetividade do atendimento, e; cumprir todos os requisitos do plano.

Parte das organizações empresariais define o resultado financeiro como o principal objetivo. Não há nada de errado em almejar lucratividade e ela é necessária para manter o negócio, no entanto, há de se refletir que o resultado financeiro depende de gente, assim, gente constitui o objetivo-chave.

A quantidade de cargos e a força de trabalho necessária para preenchê-los resultam dos planos de negócio e requer que os cargos sejam descritos. Para descrevê-los aplicam-se técnicas de apuração das características de cada função, como: apontamento feito pelo próprio ocupante; conversa informal de um analista de cargos com o ocupante; observação da execução do trabalho, por um analista de cargo ou por pessoa que o conhece bem; entrevista estruturada; *workshop*.

Além de registrar as atribuições técnicas, uma boa descrição mostra fatores, como: o resumo da descrição; o impacto de cada atribuição nos resultados almejados; a interação da pessoa que desempenha a função com outras que laboram nos ambientes intramuros e extramuros; o perfil da pessoa para desempenhar a função.

Dispondo dessas informações, a organização anuncia as vagas ao mercado, recebe currículos, entrevista candidatos e seleciona os adequados.

Admitida a pessoa é momento de ambientá-la na organização, sendo que a densidade da ambientação depende da função que ela irá exercer.

A definição das necessidades de treinamento e desenvolvimento pode ser realizada a partir de observações cotidianas e de pesquisa, isto é, gestores de área, ocupantes de cargos e colegas de trabalho podem identificar as necessidades, cotidianamente; a pesquisa, no entanto, requer ações mais elaboradas, ou seja, ser conduzida por meio de entrevistas estruturadas, análises de desempenho e afins.

Identificadas as necessidades verifica-se a disponibilidade de verbas, a partir dos orçamentos realizados, no entanto, há situações que não requerem investimentos significativos, como exemplos, orientação no desenvolvimento cotidiano do trabalho e mudança de função, por revezamento. Adicionalmente a essas estratégias de aprendizagem-ensino há outras, dentre elas: *brainwriting*, discussão de textos, *e-learning*, exposição de conteúdo, grupos de foco, *workshop*.

Definidos os fundamentos institucionais e seus consectários, descritos e avaliados os cargos, a organização estabelece a sua política de recompensas, ou seja, define: a composição das recompensas; os parâmetros de comparação das recompensas que concede com as que o mercado concede; os níveis de cada fator de recompensa em relação aos estabelecidos no parâmetro escolhido; os requisitos de promoção. Em seguida a empresa conduz pesquisa de recompensas, a partir de um formulário que contém informações básicas, como o prazo para o provimento de informações, o resumo de cada cargo selecionado para pesquisa, bem como os seguintes campos para preenchimento de informações: recompensas salariais, quantidade de salários paga por ano, localidade em que a empresa pesquisada está estabelecida, métodos de revisão das recompensas, data-base e última revisão das recompensas.

Coletados os dados, realiza-se os seguintes procedimentos: tratamento estatístico; informação dos resultados às empresas participantes; revisão das recompensas, segundo a política adotada.

Para se manter os talentos laborando na organização faz-se mister tratá-los com probidade, em especial em termos de recompensas financeiras, mas é preciso sabedoria para gerenciá-las, para que elas não tolham a espontaneidade.

2.7 Questões Para Estimular Debate e Assimilação de Conteúdo

1. Cite alguns significados do verbete "atender".
2. Que fatores da qualidade são estudados em termos da manufatura de bens e em termos da qualidade total?
3. Qual é o autor e o nome de sua obra classificada entre as 25 mais influentes obras de gestão, segundo a revista TIME?
4. Cite 5 dos 14 princípios da qualidade total definidos por Deming.
5. Explique o significado da expressão "proposta de valor total".
6. O que o autor desta obra recomenda em termos da aplicação do quarto princípio da qualidade estabelecido por Deming?
7. Que fatores compõem os fundamentos institucionais e seus consectários? Mencione primeiramente os institucionais e após os consectários.
8. Quais são os fatores que compõem um plano estratégico.
9. Manifeste a sua opinião sobre as empresas que definem seus resultados financeiros como mais importantes que as pessoas que laboram para elas.
10. Quais são as técnicas de descrição de cargos apontadas neste capítulo?
11. Quais são as técnicas de levantamento de necessidades de treinamento e desenvolvimento mencionadas neste capítulo? Mencione, também, as estratégias de aprendizagem-ensino.
12. Quais são os fatores essenciais à definição da política de recompensas? Comente-os.
13. Comente os procedimentos para a condução de uma pesquisa de recompensas e a utilidade dos resultados da pesquisa.

Capítulo 3
Comunicação com o Público-Alvo

3.1 Objetivo do Capítulo

Apresentar conceitos, técnicas e recomendações para a gestão da comunicação com o público-alvo.

3.2 Introdução da Comunicação

Há diversas definições sobre o significado de comunicação. Para a finalidade deste capítulo comunicação é, em síntese, o processo de interação entre os seres vivos que resulta na construção de um significado comum da mensagem compartilhada[17].

> *Comunicação*: processo de interação que resulta na construção de um significado comum da mensagem compartilhada.

Não é raro ouvir a afirmação de que alguém se comunicou com outrem pelo fato de simplesmente ter enviado uma mensagem, isto é, independentemente de a pessoa destinatária ter ou não a lido. Essa afirmação não encontra fundamento na definição acima grafada, visto que o conteúdo não acessado pelo receptor não tem a capacidade de construir significado comum.

Seguindo essa definição, pode-se afirmar que o processo de comunicação entre duas pessoas se estabelece a partir do momento em que uma delas (emissora) articula um conjunto de informações (codificação) — que possui conteúdo inteligível — e o envia por meio de um canal a alguém (receptora) que, decodificando-o, manifesta sua interpretação à emitente (retroalimentação), para que esta verifique o grau de consonância dos significados (o emitido e o interpretado) e, conjuntamente, possam fazer os ajustes para criar significado comum.

Aplicando-se o conceito de comunicação ao atendimento, pode-se afirmar que alguém, uma ou mais organizações se comunicam com as pessoas atendidas em situações que exigem a criação de um sentido comum a um certo conteúdo.

A Figura 3.1 aproxima essa explicação, mediante o ciclo PDCA que define esta sequência: planeje, execute, verifique e aja.

---

[17] PINTO, É. P. *Negociação orientada para resultados*: a conquista do entendimento através de critérios legítimos e objetivos. 2. ed. São Paulo: Atlas, 1994.

Figura 3.1 – Etapas do processo de comunicação, configurada a partir de analogia com o Ciclo PDCA

Tradução literal dos verbetes e seus significados no processo:
Plan (plano): emissor codifica a mensagem.
Do (faz): envia a mensagem (conteúdo).
Check (verifica): o receptor verifica o conteúdo e informa sua compreensão ao emissor.
Act (aja): as partes constroem o significado comum.
Fonte: Disponível em: <http://gembagroup.com.br/pdca-voce-sabe-o-que-e-e-para-o-que-serve/>. Acesso em: 25 ago.2018.

> *Comunicação no atendimento*: processo que cria significado comum a uma ou mais mensagens compartilhadas entre uma ou mais pessoas que atendem e uma ou mais que são atendidas.

Em termos de importância da comunicação, ela "é a mais visível ou audível [...] das atividades de marketing, mas seu valor é limitado, a menos que seja usada com inteligência em conjunto com outros esforços de marketing"[18]. Essa inteligência consiste em aproximar os bens que a organização oferece e seus consectários — preço, distribuição, prazo de pagamento etc. — às pessoas que desejam essas informações, por meio de mensagem, canal e tempo oportunos.

As formas de comunicação com o público-alvo (clientes, consumidores, fornecedores, acionistas e afins) são executadas tanto diretamente quanto indiretamente, tanto ininterruptamente quanto periodicamente, tanto coletivamente quanto individualmente.

3.3 Mensagem Comercial

A mensagem é o elemento crucial do processo de comunicação, em especial a que concerne a fins comerciais — para que ela constitua significado comum, é preciso que a audiência a decodifique conforme codificada pelo emissor.

---

[18] LOVELOCK, C.; WIRTZ, J. *Marketing de serviços*: pessoas, tecnologia e resultados. Trad. Arlete S. Marques. São Paulo: Pearson Prentice Hall, 2006.

Mensagem ao mercado: informação destinada à audiência que pode, ou não, gerar significado comum no relacionamento entre o emissor e o público-alvo.

A arquitetura da mensagem inclui elementos como conteúdo, natureza, canal, relação custo-benefício da disseminação — para fins de apreensão de essências, esta seção apresenta separadamente cada item, no entanto, eles formam um conjunto quase indissociável.

3.3.1 Conteúdo da mensagem

O conteúdo da mensagem consiste no conjunto dos conceitos, ideias, fatos etc., objeto de transmissão aos interessados.

Conteúdo da mensagem: conjunto dos conceitos, ideias, fatos etc., objeto de transmissão aos interessados.

O conteúdo da mensagem é um dos principais geradores de vendas quando:

- encontra o público certo, no momento certo;
- é relevante. Como exemplo, descreve a composição física do produto, seu funcionamento, os benefícios esperados, preços e afins.
- considera que há quem compra por imitação a outrem, por disputa com outrem, pelo prazer de sentir o poder de comprar etc. Para essas pessoas, o conteúdo da mensagem destina, em essência, apelo ao ego.

3.3.2 Natureza da mensagem

A natureza da mensagem diz respeito ao seu tipo, qualidade, espécie. No som deste diapasão entoa a qualidade da mensagem comercial, isto é, se bem afinada com o gosto da audiência ela tende a ser apreciada. Como exemplo, há certa quantidade de pessoas que apreciam mensagens com conteúdo descontraído. E, como o objetivo é obter reações positivas, a mensagem bem-humorada é bem-vinda por essa audiência e tende a não sofrer desgaste prematuramente, como tendem a sofrer as mensagens tradicionais.

Exemplos de mensagens descontraídas: um anúncio de uma transportadora de encomendas urgentes — que denomina a concorrente como "Azaro Seu" —, tende a gerar bom-humor. Em síntese, a mensagem sugere à audiência que se em vez de ela contratar o serviço de transporte da empresa anunciante, contratar o da empresa "Azaro Seu" o azar é seu (da audiência)[19]. Outro exemplo: uma instituição bancária anunciou oferta de crédito de uma maneira engraçada. Isto é, um interessado liga para uma firma de comercialização de veículos, que oferece financiamento próprio — cujo pseudônimo é Auto Veículos — e pede informações sobre o veículo que deseja. A resposta do vendedor é "o carro está zero bala". O interessado pergunta se é possível reduzir o valor das parcelas do financiamento. O vendedor responde: "Se eu tirar as rodas, o motor... sim". Daí segue a mensagem da instituição bancária, ironizando a concorrência e oferecendo créditos.

3.3.3 Canal de disseminação da mensagem

Canal de comunicação consiste no meio pelo qual a mensagem é transmitida e recebida pela audiência.

> *Canal de comunicação*: via pela qual a mensagem é transmitida e recebida pela audiência.

As organizações dispõem de muitos veículos de transmissão de mensagens, como exemplos, os tradicionais — televisão, rádio, jornal, revista, telefone — e os recentes — aplicativos, como o WhatsApp Business, e sites de Internet, como LinkedIn, Instagram, Twitter e o Facebook que, em maio de 2012, ingressou com a maior oferta pública de ações até aquela data, na bolsa de valores Nasdaq (Estados Unidos). O valor da ação atingiu 38 dólares na abertura do capital. O volume da oferta inicial da Facebook classificou-se como o terceiro maior da história americana, isto é, inferior apenas ao da Visa e General Motors[20].

Certos canais de comunicação são apropriados para divulgar certos bens, para certos públicos, em certos momentos. Como exemplo, o "Pipoqueiro da Esquina" não precisa divulgar o seu produto em rede nacional de televisão, nem em rede local, ou em qualquer veículo de longo alcance. Semelhantemente, um resort classificado no topo de um ranking de hospedagem não divulgará as amenidades que dispõe ao público-alvo em um veículo de curto alcance. Por razões como essas, as organizações escolhem criteriosamente os canais apropriados para comunicarem seus bens à audiência-alvo.

A Internet (www — world wide web — rede mundial ampla ou rede de documentos multimídia interligados por links) é um veículo de comunicação

---

[19] A divulgação é bem-humorada. Entretanto, isso não significa que a empresa tenha imunidade absoluta, pois há clientes que postaram reclamações ostensivas na Internet e em Procons, concernentes a essa empresa.

[20] VEJA.COM. *Facebook faz maior IPO de tecnologia da história*, 2012. Disponível em: <http://veja.abril.com.br/noticia/vida-digital/facebook-faz-maior-ipo-de-tecnologia-dahistoria>. Acesso em: 4 set. 2016.

inventado recentemente e sua utilização cresce cotidiana e vertiginosamente tanto por anunciantes quanto por interessados em aquisição de bens, visto que:

- facilita construir, reconstruir ou eliminar mensagens rapidamente;
- libera amplo espaço para apresentar comunicados diversos;
- apresenta custo de postagem geralmente inferior aos veículos tradicionais de longo alcance;
- permite acesso rápido e sem certos custos exigidos à compra presencial;
- possibilita compra segura.

No entanto, há obstáculos ou desafios no uso da rede mundial, como exemplos:

- para que atinja um público significativo, um portal depende de esforços laterais, como exemplos, de comunicação de sua existência em mídia paga ou de inserção de postagens gratuitas em redes sociais;
- há criminosos utilizando-a e isso cria um clima de insegurança, em especial em pessoas que não distinguem sites seguros de sites inseguros.

Adicionalmente, certos anunciantes dificultam contatos por outros meios e, assim, o atendimento resta não personalizado e pode ser considerado, juntamente com a pirataria, as questões mais vulneráveis — a restrição ao contato significa: restrição à solução de dúvidas sobre as características de produtos, como usá-los e os benefícios que eles proporcionam; cobranças indevidas; tendência à sensação de impotência para se efetuar reclamações diretas ou para se fazer sugestões. Por razões como essas, muitos compradores estabelecem reclamações em sites especializados — como exemplo, Reclame Aqui — e certos compradores optam por aquisições em estabelecimentos físicos.

Em termos de vulnerabilidade dos sistemas de informação, criminosos virtuais não têm permitido sossego aos responsáveis pela segurança da informação, por meio de investidas que geram quedas de páginas, manipulações de informação e até transferências indevidas de valores. Isso exige — e muitas organizações executam — constante realimentação dos meios de proteção, dificultando acessos não autorizados. Adiciona-se a isso, os contratempos ocasionados por quedas nos sistemas e falhas no processamento de informações, por exemplo, não completando as informações necessárias às transações comerciais.

3.3.4 Frequência e relação custo-benefício da disseminação da mensagem

A frequência da divulgação de uma mensagem consiste na quantidade de vezes em que ela vai ao ar em certa unidade de tempo.

Frequência da mensagem: quantidade de vezes em que ela vai ao ar em certa unidade de tempo.

Seria ideal circular a mensagem de um bem em muitos canais, no entanto, há várias restrições a esse ideal, em especial em virtude de custos e tempo. Por exemplo, qual é a proporção de firmas que têm recursos financeiros suficientes para anunciar seus produtos com frequência e em emissoras televisivas de alcance nacional? Assim, empresas como essas anunciam em meios mais econômicos, como folhetos, banners, catálogos e em endereços eletrônicos próprios.

Há de se considerar que produtos cuja eficácia do anúncio não se restringe a determinado momento e que são habitualmente anunciados em um único horário e em um único canal, pode restar em desperdício financeiro. Por exemplo, anunciar um sabão em pó em determinado programa de rádio que vai ao ar em certo horário do dia pode ser ineficaz a partir de certo número de repetições, visto que a partir de certo momento a audiência tende a não mais prestar atenção ao anúncio ou até pode ficar irritada com a frequência da divulgação, mormente quando a qualidade da mensagem é sofrível. Por isso, a frequência da divulgação da mensagem (horária, diária, semanal, mensal etc.) não é variável de fácil composição com a identificação da disposição do público-alvo para apreciá-la, entendê-la e se dispor a adquirir o produto anunciado. Por razões como essas, quando se anunciar um produto em uma única emissora — cuja mensagem pode ser eficaz em horários diversos —, recomenda-se anunciar por revezamento, ou seja, certo período no horário X, certo período no horário Y, certo período no horário Z. Assim, pode-se atingir uma gama maior de interessados, visto que cada pessoa tem seu horário de conexão.

A capacidade de criar, recriar e transmitir mensagens é condição sem a qual a divulgação não atinge seus objetivos, por isso muitas empresas preferem contratar serviços de profissionais especializados em pesquisa de interesse, preparação e divulgação de textos.

3.4 Composto de Comunicação

Há diversidade de entendimento sobre os elementos que compõem o composto de comunicação, como exemplos:

- mensagens originadas dentro da organização: canais de produção (pessoas da linha de frente, pontos de serviço); canais de marketing (propaganda, promoção de vendas, marketing direto, venda pessoal e relações públicas).

Mensagens originadas fora da organização: boca a boca, editoriais em veículos de comunicação[21].

- venda pessoal, comunicação de massa, comunicação direta, Internet, encontros de serviços[22].
- mala-direta, força de vendas, publicidades, patrocínios, anúncios na mídia escrita, falada e televisada[23].

Visto a diversidade de concepção, esta seção apresenta um conceito e um elenco de elementos que formam o composto de comunicação, sem, no entanto, o intuito de que ele constitua um corpo completo de conhecimento. Assim, o composto de comunicação — ou composto de promoção — consiste no conjunto de estratégias destinadas a divulgar marcas, preços, prazos de entrega ou retiradas, formas de pagamento etc.

Composto de comunicação: conjunto de estratégias destinadas a divulgar marcas e seus consectários.

Para realizar estratégias, as organizações utilizam veículos de comunicação, como exemplos: canais de televisão, rádios, jornais, revistas, telefones e canais eletrônicos. Em outras palavras, mídia televisiva (canais de televisão), mídia falada (canais de rádio), mídia escrita (jornais, revistas e Internet).

Mídia: conjunto de veículos utilizados para transmitir publicidade.

Semelhantemente às mensagens comerciais, as variáveis do composto de comunicação interagem entre si, mas são apresentadas separadamente para fins de explicação de suas essências — por exemplo, a propaganda está presente nos demais elementos do composto e a Internet acolhe, além de textos escritos, trechos de apresentações televisivas, radiofônicas etc.

Destarte, na esteira desta seção perfilam a propaganda, o marketing direto, a venda direta, a promoção em vendas, a relação pública e a comunicação gerada por terceiros.

3.4.1 Propaganda

É milenar a afirmação de que "a propaganda é a alma do negócio". Assim, a chance de um produto ser conhecido e adquirido é maior quanto mais divulgado

[21] LOVELOCK, C.; WIRTZ, J., 2006.

[22] GRÖNROOS, C. *Marketing*: gerenciamento e serviços. 2. ed. Rio de Janeiro: Elsevier, 2004.

[23] KOTLER, P. *Marketing para o século XXI*: como criar, conquistar e dominar mercados. Trad. Carlos Slak. São Paulo: Ediouro, 2009.

adequadamente, especialmente por meio de veículos de ampla penetração no mercado.

A propaganda consiste na disseminação persuasiva da mensagem ao público-alvo e é realizada por meio de fala e gesto, com ou sem apoio de objeto, fundo musical e outros recursos pertinentes — o termo tem sido também utilizado como guarda-chuva que acoberta outros meios, como exemplos, mala-direta e panfletagem.

Propaganda: disseminação persuasiva da mensagem.

Assim como quaisquer conceitos que circulam no cotidiano da vida, o da propaganda também tem o seu lado desgastado ou pejorativo, por mau uso dessa ferramenta, isto é, há um certo volume de propagandas enganosas ou abusivas — a propaganda enganosa é definida como a que o conteúdo da mensagem não condiz com o bem disponibilizado ou com seus consectários, ela tem, portanto, a finalidade de ludibriar a audiência. A propaganda abusiva consiste em mensagens com conteúdo que induz a audiência a adquirir produtos com base em medo, preconceito, estímulo à violência etc., portanto, prejudicial.

Propaganda enganosa: conteúdo da mensagem que não condiz com o bem disponibilizado ou com seus consectários.

Propaganda abusiva: conteúdo que induz a audiência a adquirir produtos com base em medo, preconceito, estímulo à violência etc.

A propaganda pode ser emitida de forma explícita ou subliminar. A forma explícita demonstra claramente os elementos persuasivos. Por seu turno, a forma subliminar consiste no uso de técnicas que não ultrapassam o limiar da consciência, mas induz, sutilmente, a audiência a atender ao apelo da mensagem.

Exemplo de propaganda subliminar: na transmissão televisiva de um evento são apresentadas faixas com logomarcas que passam rapidamente sem a emissão de som — essa forma de propaganda foi apresentada durante a transmissão de um jogo da seleção brasileira de futebol e certo depoente disse que ficou irritado, pois isso tirava a sua concentração do jogo, portanto, o efeito não é necessariamente o que os publicitários esperam.

Propaganda explícita: demonstra claramente os elementos persuasivos.

Propaganda subliminar: uso de técnicas que não ultrapassam o limiar da consciência, mas induz, sutilmente, a audiência a atender ao apelo da mensagem.

A propaganda pode ser emitida tanto para um público local quanto para um público distante ou amplo. Empresas que prestam serviços de alto contato com o cliente — clínicas médicas, consultórios odontológicos, lojas comerciais, restaurantes etc. — tendem a utilizar veículos de curto alcance — emissora de rádio, jornal ou revista locais — para divulgar seus serviços. Firmas cujos serviços que produzem não exigem proximidade física com o cliente — operadoras de sinais de televisão, Internet e telefone, serviços bancários via Internet etc. — tendem a propagar suas mensagens em veículos de longo alcance, como canais de televisão, cadeia de rádios, jornais de circulação estadual ou nacional, Internet e afins.

Anúncios na mídia (televisão, rádio, jornal, revista etc.) são tradicionais e acessam larga massa de compradores, no entanto, a publicidade na mídia de longo alcance tende a ser dispendiosa e, por isso, apenas uma elite empresarial a utiliza na comunicação de suas marcas. Por outro lado, há de se considerar que, tradicionalmente, a mídia tem força persuasiva e certa parte dos adquirentes até se convencem da idoneidade do anunciante e da qualidade dos bens anunciados, quando a publicidade é realizada em certo veículo da mídia — por exemplo, quando a publicidade é emitida por um apresentador de programa querido por seus ouvintes. Para essa audiência, outros veículos, como a Internet, não são capazes de prover certos aspectos de convencimento. Em outras palavras, essa audiência compra com base no crédito que atribui ao veículo de comunicação ou ao apresentador da publicidade.

Há bens cujas propriedades são anunciadas de certa forma pela firma fabricante e, por questões legais, de outra forma por terceiros, por exemplo, as produtoras de medicamentos inserem uma bula no invólucro do medicamento e não podem, por restrições legais, fazer propaganda minuciosa na mídia, visto que — no território brasileiro — a explicação dos efeitos e as recomendações são legalmente atribuídas aos médicos.

3.4.2 Marketing direto

O marketing direto é conduzido pela própria organização no relacionamento com o público-alvo, por meios eletrônicos, mensagens em brindes, operadores de telemarketing, folhetos enviados por correios, mensagens emitidas no momento da prestação de serviço ao cliente e reuniões com os interessados.

> Marketing direto: esforço conduzido pela própria organização no relacionamento com o público-alvo, por meios eletrônicos, mensagens em brindes, operadores de telemarketing e afins.

O marketing realizado diretamente pela empresa difere da propaganda emitida por intermédio de veículos de terceiros, essencialmente em termos de aproximação, isto é, enquanto a propaganda emitida por terceiros leva indiretamente a empresa ao público-alvo, a comunicação pela própria empresa entra diretamente pela "porta" da audiência-alvo.

Por ser um meio cujo custo é acessível a praticamente todas as empresas, o marketing direto tem sido aplicado com o uso de várias ferramentas, em especial por panfletos e meios eletrônicos, como WhatsApp e Messenger.

Exemplo de mensagem por WhatsApp:

Olá, amiga, tudo bem! Na semana que vem haverá um dia lindo, lindíssimo, especial, especialíssimo para todos nós — comemora-se o aniversário de seu filho. Além do amor que vocês cotidianamente a ele concedem, com certeza ele ficará feliz por receber algo material. Pensando em uma data tão feliz como essa, nossa empresa disponibiliza a Garrafa Skip Hop Zoo que deixa bebês felicíssimos ao beberem algo. Com certeza, você também quer que seu filho dê seu lindo sorriso todas as vezes que você servir algo para ele: estou correta? Com muita satisfação, espero seu pedido.
Loja das Crianças Felizes.

O envio de folhetos ou catálogos por correios é outro meio que as empresas utilizam para se comunicar com o público-alvo. O custo para essa forma de comunicação requer o pagamento do material a ser impresso e do despacho pelos correios, mas tem a vantagem da facilidade de seu uso, visto que com a produção da mensagem e de sua impressão, basta etiquetar o material e levá-lo para despacho.

3.4.3 Vendas direta e indireta

A venda direta é estabelecida pela força de vendas que atua no quadro da organização, a partir de encontros presenciais ou por contatos a distância. Para tanto, a força de vendas orienta adquirentes, visando a compra de bens que satisfaça as suas necessidades e desejos. A força de vendas também faz o caminho inverso, isto é, levanta as necessidades dos clientes para que a organização crie e produza os bens que eles necessitam, facilite pagamentos, entregue os bens em prazos tempestivos etc. Por seu turno, a venda indireta é realizada por representantes de vendas, empresas de telemarketing e outros intermediários externos.

Venda direta: esforço produzido pelo corpo de vendas que labora em certa empresa que produz ou comercializa bens, orientado para o atendimento dos interesses de adquirentes.

Venda indireta: esforço produzido por pessoas ou organizações externas, para comercializar produtos de certa empresa contratante.

As vendas são prospectadas em lojas próprias, em visitas a adquirentes, em participação em eventos, em abordagens a pedestres, por telefone ou por outro meio adequado.

Há empresa que determina uma equipe para atender a um tipo de negócio ou cliente — tradicionalmente denominada equipe de conta ou gerência de conta —, visando atender aos interesses específicos. Isso é comum em atividades complexas e em negócios de grande monta.

Para constituir e preparar a força de vendas a organização mensura fatores, como a área geográfica que quer atender de forma personalizada, as condições antropológicas-econômicas-políticas dos habitantes da região, o perfil específico do público a ser atendido e o perfil dos concorrentes que atendem à região, conforme explicações a seguir:

- a extensão geográfica a ser coberta indica a quantidade de pessoas, os equipamentos, os meios de comunicação etc., necessários para dar suporte aos compradores da região;
- as condições antropológicas, econômicas e políticas dos habitantes da região indicam as possibilidades de negócios;
- o perfil dos concorrentes sinaliza que estratégias são necessárias para competir;
- o perfil do público que a organização quer atender define os conhecimentos e as habilidades necessárias à força de vendas e os bens que esse público necessita e deseja.

Em virtude de as vendas serem realizadas por e com pessoas, a procura, seleção, ambientação, remuneração, desenvolvimento e retenção dos talentos que compõem a força de vendas são fatores que exigem tratamentos especiais.

Em termos estratégicos, certas lojas de vestuário estão aplicando meios subliminares de promoção de seus produtos, isto é, promovem concursos para a seleção de modelos e exigem das candidatas a compra dos vestuários dentre os produtos que oferece. Por exemplo, certa depoente revelou que foi convidada para participar de um concurso dessa natureza, informada de que poderia se inscrever ao comprar o vestuário — cujo preço mínimo seria U$ 50 — e que se obtivesse a primeira colocação receberia um prêmio de U$ 120, um convite para ser fotografada e essa produção seria inserida em uma revista de moda.

Por essa estratégia, a loja divulga a sua marca e, adicionalmente, vende produtos e pode auferir lucro: relação entre as receitas de vendas de produtos e os custos de divulgação e realização do evento. Adicionalmente aos resultados sob o controle da empresa — obtidos por intermédio do planejamento e execução do evento em si —, ela ganha com a propaganda boca a boca, pois cada candidata tende a comentar o concurso com os seus pais, parentes, amigos, vizinhos entre outras pessoas.

Os meios tecnológicos de comunicação estão invadindo a seara da venda pessoal. É muito comum observar no seio do comércio que o preço da aquisição de um bem pela Internet é inferior ao da compra por intermédio de uma central de vendas, por visita a uma loja, ou por visita de um vendedor. Isso se dá em virtude de que o custo da venda pela Internet tende a ser menor do que o de manter equipes de vendas para atender a telefonemas, para atender na loja, ou para visitar o público-alvo.

3.4.4 Promoção de vendas

A promoção de vendas é estabelecida para influenciar as decisões de adquirentes em termos de suas escolhas de bens e dos volumes que compram.

Promoção de vendas: incentivos para influenciar as decisões de adquirentes.

Consumidores mudam as suas preferências de consumo com a experimentação de bens, a partir dos resultados que colhem. Por exemplo, um consumidor do chocolate X degusta o chocolate Y, percebe que este tem sabor mais agradável ou contém propriedade mais saudável e passa a consumi-lo. Sabendo disso, produtores de insumo oferecem incentivos a intermediários da cadeia produtiva — transformadores de insumo ou manufatureiros —, como amostra grátis, desconto, pagamento parcelado, disponibilização de quantidade superior à paga e, por óbvio, esperam que eles repassem os incentivos até os consumidores.

Para atingir o objetivo de influenciar os adquirentes finais a mudarem as suas preferências de consumo ou de antecipar ou aumentar as suas demandas, a promoção de vendas é levada ao ar de tempo em tempo. Se a campanha for repetida com muita frequência ela tende a perder a sua eficácia, visto que quem adquire o bem deixará de comprá-lo em períodos em que não há promoção, ou seja, esperará a próxima promoção: assim, o ato promocional não mais o influencia. Em específico, descontos em preços atraem compradores — em especial os que são sensíveis a preço —, mas não os influenciam por muito tempo a comprarem o produto adquirido por motivo do desconto, ou seja, muitos voltam a comprar suas marcas preferidas[24].

Campanhas de degustação de produtos podem produzir fortes impactos nas decisões dos consumidores e elas são comuns em supermercados, feiras livres e

---

[24] CHAN, E. S. W.; WONG, S. C. L. Hotel selection: when price is not the issue. *Journal of Vacation Marketing*, 12 (2), 2006, p. 142-159.

afins. Essa forma de promoção é sem dúvida eficiente, pois várias pessoas tendem a adquirir produtos que apreciaram ou passaram a apreciar, logo após degustá-los e há a tendência de continuarem a adquiri-los, desde que condições como atributo, preço e disponibilidade sejam mantidos. Mas não são apenas os produtos alimentícios e bebidas que as organizações promovem a partir de degustação, por exemplo, sites de vendas disponibilizam trechos de obras aos leitores. As promoções de vendas são estabelecidas tanto para adquirentes individuais, quanto para grupos de pessoas.

Exemplos: hotéis promovem a ocupação de suas capacidades ociosas oferecendo condições vantajosas de hospedagem para grupos de turistas e para mensalistas individuais. Eventos atraem grupos de visitantes, especialmente crianças e idosos, a partir de desconto no valor dos ingressos.

3.4.5 Relações públicas

Relações públicas consistem na proteção e comunicação da identidade de uma instituição — em especial, transmitindo imagem positiva ao mercado —, a partir de pesquisa de opiniões, definição da política e execução de estratégias.

> *Relações públicas*: ações permanentes destinadas a comunicar e proteger a identidade da organização perante a comunidade, em especial, transmitindo imagem positiva.

Organizações têm utilizado um conjunto de ferramentas de relações públicas.

Exemplo de ferramentas de relações públicas: patrocínio ou participação em eventos que agregam público de interesse da instituição; coleta de depoimentos favoráveis à instituição, com pessoas famosas, representantes públicos, clientes, fornecedores e afins; publicação de relatórios que atestam ações que beneficiam a certas comunidades — em especial carentes — e ao meio ambiente; criação e divulgação de identidade visual que causa impacto positivo.

O marketing esportivo é uma das formas de construir interesses positivos. Certas instituições iniciam processos de estímulos a determinados esportes e conseguem benefícios tanto para aquele tipo de atividade esportiva, como para a sua própria imagem. Nesse contexto, não é simples afirmar o que prepondera: o estímulo à atividade esportiva ou o benefício obtido para a instituição. No entanto, ainda que o objetivo de uma instituição seja utilizar o esporte em seu benefício, caso ela tenha apoiado e incentivado o desenvolvimento da atividade esportiva, a nosso ver, conta mais o benefício proporcionado à população. Em outras palavras, entendemos que certas iniciativas se caracterizam mais como promoção de um esporte que esporte no marketing da instituição.

Exemplo: o Banco do Brasil atua no marketing esportivo desde 1991, patrocinando equipes brasileiras masculinas e femininas de vôlei. Com o estímulo a essas atividades, essas modalidades foram intensificadas — como nunca na história desta amada pátria — e verteram títulos e títulos mundiais, medalhas e medalhas olímpicas. Em 2013, o Banco do Brasil fincou sua estaca no handebol, patrocinando as seleções brasileiras que atuam nessa modalidade. Em conjunto com a Confederação Brasileira de Vôlei, a instituição incentiva o projeto social VivaVôlei, que atende crianças carentes e alunos de escolas públicas em todas as regiões do país[25].

A capacidade de comunicação com a comunidade é habilidade sem a qual um porta-voz de uma instituição não estimulará interesses positivos por ela, por isso, as instituições escolhem "a dedo" os profissionais de relações públicas e promovem ações para seus aculturamentos.

Há quem afirma que a relação pública é uma forma de fazer propaganda. Conquanto isso seja real, em certas circunstâncias elas desfilam em trilhas distintas. Por exemplo, uma conferência sobre meio ambiente é o canal ou local apropriado para uma empresa tornar público os cuidados ambientais que aplica na produção e na distribuição de suas ofertas. O evento é, portanto, um meio de a firma se relacionar com o público interessado, apresentando-se como boa "cidadã", mas o referido evento não é o canal ou local mais apropriado para propagar suas marcas.

Determinados autores citam a variável pagamento para diferenciar relação pública de publicidade. Por exemplo: "Enquanto publicidade é aquilo que você paga, relações públicas é aquilo que você pede que aconteça"[26] — melhor seria dizer que o custo para realizar propaganda tende a ser superior ao de realizar relação pública, visto que ambas têm custos, como exemplo, ambas exigem pagamento a pessoas que as realizam, custos para coletar opiniões, produzir e apresentar matérias etc.

Os legisladores também apontam regras para a condução das relações públicas, isto é, o decreto nº 63.283, de 26 de setembro de 1968, aprovou o Regulamento da Profissão de Relações Públicas de que trata a Lei nº 5.377, de 11 de dezembro de 1967 — o artigo 4º desse decreto determina que "consideram-se atividades específicas de Relações Públicas as que dizem respeito:

a) à orientação de dirigentes de instituições públicas ou privadas na formulação de políticas de Relações Públicas;
b) à promoção de maior integração da instituição na comunidade;

---

[25] BANCO DO BRASIL. *Sobre nós*: esportes, 2016. Disponível em: <http://www.bb.com.br/pbb/pagina-inicial/sobre-nos/esportes#/>. Acesso em: 08 set. 2016.
[26] Kotler, P. 2009, p. 147.

c) à informação e a orientação da opinião pública sobre os objetivos elevados de uma instituição;

d) ao assessoramento na solução de problemas institucionais que influem na posição da entidade perante a opinião pública.

e) ao planejamento e execução de campanhas de opinião pública;

f) à consultoria externa de Relações Públicas junto a dirigentes de instituições;

g) ao ensino de disciplinas específicas ou de técnicas de Relações Públicas, oficialmente estabelecido.

3.4.6 Comunicação gerada por terceiros

Uma das formas de publicidade consiste nas atitudes espontâneas de adquirentes — a denominada propaganda boca a boca.

O canal boca a boca tem sido citado como um dos que mais promovem vendas, com a vantagem de, em princípio, ser gratuito[27]. Ele é iniciado e mantido espontaneamente pelos adquirentes, mediante a expressão dos níveis de suas satisfações com o bem tangível, serviço ou atendimento recebido.

Propaganda boca a boca: Divulgação espontânea e gratuita em que os próprios adquirentes expressam seus níveis de satisfação com o bem adquirido.

Para que uma propaganda boca a boca favorável continue sendo veiculada é necessário que os membros da rede de oferta — por exemplo: o produtor, o prestador de serviço suplementar e o facilitador da compra — mantenham a qualidade de seus esforços.

Além das atitudes espontâneas do público-alvo, as organizações também criam projetos e os executam para estimular comentários positivos, como:

- publicar depoimentos de clientes satisfeitos;
- desenvolver campanhas que façam "barulho" (sejam muito comentadas);
- promover bens e consectários que estimulem adquirentes a recomendá-los a outrem.

Figura 3.2 – Imagem que simboliza o efeito da propaganda boca a boca.

---

[27] ENGEL, J.; BLACKWELL, F.; MINIARD, P. W. *Comportamento do Consumidor*. 9. ed. Rio de Janeiro: Thompson, 2005.

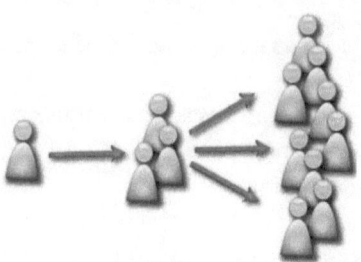

3.5 Síntese do Capítulo

O capítulo traz à lume conceitos e técnicas aplicadas à gestão da comunicação com o público-alvo. Em detalhe, introduz conceitos de comunicação, a arquitetura da mensagem comercial, o composto mercadológico e os veículos utilizados em comunicação.

Comunicação consiste no processo de interação entre os seres vivos que resulta na construção de um significado comum da mensagem compartilhada. Aplicando-se esse conceito ao atendimento, pode-se afirmar que alguém ou uma organização se comunica com os atendidos em situações que exigem a criação de um sentido comum a um certo conteúdo.

As formas de comunicação com a audiência-alvo são executadas tanto diretamente quanto indiretamente, tanto ininterruptamente quanto periodicamente, tanto coletivamente quanto individualmente.

A mensagem é o elemento crucial do processo de comunicação. Assim, sua arquitetura inclui elementos como conteúdo, natureza, canal, relação custo-benefício e frequência da disseminação. O conteúdo da mensagem consiste no conjunto dos conceitos e ideias objeto de transmissão aos interessados. A natureza da mensagem diz respeito ao seu tipo, qualidade, espécie. Canal de comunicação consiste no meio pelo qual a mensagem é transmitida e recebida pela audiência. A frequência da divulgação de uma mensagem consiste na quantidade de vezes em que ela vai ao ar em certa unidade de tempo.

Há diversidade de entendimento sobre os elementos que compõem o composto de promoção. Este capítulo analisa a seguinte composição: propaganda, marketing direto, venda direta, promoção de vendas, relação pública, comunicação gerada externamente. A propaganda consiste na disseminação persuasiva de mensagens ao público-alvo e é realizada por meio de fala e gesto ou com a simples inserção de objetos, com ou sem apoio de fundos musicais e outros recursos pertinentes. O marketing direto é conduzido pela própria organização no relacionamento com seu público-alvo, por meios eletrônicos, mensagens em brindes, operadores de telemarketing, mensagens emitidas no momento da prestação de serviço ao cliente e reuniões com os interessados. A venda direta é estabelecida pela força de vendas que atua no quadro da organização, a partir de encontros presenciais ou por contatos a distância. A promoção de vendas é estabelecida para influenciar as decisões de adquirentes em termos de suas escolhas de bens e dos volumes que compram. Relações públicas consistem na proteção e comunicação da identidade de uma instituição. A comunicação gerada extramuros consiste, principalmente, na popularmente denominada boca a boca.

3.6 Questões Para Estimular Debate e Assimilação de Conteúdo

1. Descreva como flui o processo de comunicação.
2. Defina os significados das expressões "informação ao público-alvo" e "comunicação com o público-alvo".
3. Quais são os componentes da arquitetura da mensagem comercial? Comente três deles.
4. Há unanimidade entre os autores quanto aos fatores que compõem o composto de comunicação? Quais são os fatores indicados por esta obra?
5. O que significa propaganda subliminar?
6. Comente um conceito pejorativo aplicado à propaganda.
7. O que significa marketing direto e quais os instrumentos pelos quais uma firma o utiliza?
8. Defina os significados de venda direta e venda indireta e os levantamentos necessários para compor e preparar a força de vendas.
9. O que significa promoção de vendas? Comente algumas de suas técnicas.
10. Discorra sobre a importância e o papel das relações públicas.
11. O que significa propaganda "boca a boca"?

Capítulo 4
Princípios e Técnicas de Negociação Aplicáveis em Atendimentos

4.1 Objetivo do Capítulo

Apresentar e discutir conceitos, técnicas e recomendações de negociação em relacionamentos comerciais.

4.2 Introdução do Conceito de Negociação

O conceito de negociação pode ser estudado por formas diversas. Nesta introdução vamos verificá-lo a partir da aproximação do modelo 5 Ws (em inglês: What? Why? Who? When? Where?), com o acréscimo da questão "como?" (how?), ou seja:

1. qual é o significado da palavra negociação e que coisas são negociáveis? (what is the meaning of the word negotiation and what things being negotiable?);
2. por que as pessoas precisam negociar? (why do people need negotiate?);
3. quem pode negociar? (who can negotiate?);
4. quando, como e onde negociar? (when, how and where to negotiate?);
5. que princípios são recomendados a quem negocia? (what principles are recommended to those who negotiate?);

Qual é o significado da palavra negociação e que coisas são negociáveis?

Há significados diversos atribuídos ao verbete negociação. Há quem acredita que negociar significa atos destinados a conseguir bens exclusivamente para si, utilizando estratagemas — no sentido de iludir interlocutores quanto ao verdadeiro objetivo e desenvolvimento da ação. Assim, essas pessoas acreditam que o "bom" negociador é aquele que consegue blindar as suas dissimulações e trapacear os seus interlocutores. Há, no entanto, quem defende o ponto de vista de que esse tipo de percepção significa qualquer coisa distinta da negociação admitida como honesta, legítima e que as ações praticadas por essas pessoas resultam em usurpações (ações de se apossar ilicitamente de coisas).

A palavra negociação pode ser decomposta numa forma menor "negoci" + "ação". Verifica-se então que o radical "negoci-" consiste na significação externa da palavra e o morfema derivacional "-ação" completa o radical. Assim, o verbete negociação significa uma ação ou resultado de negociar. De forma mais abrangente, negociação é o ato destinado a obtenção de um acordo que proporcione um novo colorido a uma ou mais situações, a partir de um processo que envolve um conjunto de técnicas.

Negociação: ato destinado a obtenção de um acordo, em especial, o que proporcione ganhos mútuos.

No que concerne ao "quê" (que coisa), exceto a morte, qualquer coisa é negociável, isto é, negocia-se a posse de um bem material, a troca de carícias, o estabelecimento de opiniões, o esclarecimento de ideias, a construção de um relacionamento confortável etc.

Por que as pessoas precisam negociar?

Todos os seres convivem com situações que provocam incertezas e divergências. Daí os desafios tendem a surgir e em vez de tratá-los como ameaças ou perigos, eles podem ser percebidos e tratados como oportunidades ao crescimento e desenvolvimento. Superá-los é concretizar a existência. Nesse diapasão, significativa parcela da literatura que trata de conflitos salienta que a negociação é uma das maneiras mais eficazes de solucionar impasses.

A negociação é uma missão fascinante quando realizada com lealdade, apreço, dedicação e tempestividade. Para tanto, é preciso considerar que a pessoa interlocutora é parte, tanto do problema, como de sua solução, pois não conseguiríamos soluções sem a sua participação e contribuição. E, como ela faz parte, seria moralmente impróprio não considerar as suas necessidades e desejos.

Negociação: missão fascinante quando realizada com lealdade, apreço, dedicação e tempestividade.

Quem pode negociar?

Todos os seres podem e negociam de algum modo e com certa frequência ao longo da vida, com membros da família, com parentes, com amigos, com colegas de trabalho, com fornecedores de bens, com clientes etc.

Exemplos de quem e como negociam: (a) já no ventre materno o feto negocia (reage a) coisas diversas com a sua genitora, em específico, realiza movimentos delicados e emotivos em contrapartida aos carinhos que recebe; (b) crianças e adolescentes negociam com seus pais, ou seja, os agradam quando recebem atenção, presente, dinheiro etc.; (c) adultos negociam com seus pares íntimos, em especial doam suas emoções ao receberem afagos; (d) trabalhadores negociam intramuros e extramuros, tanto bens tangíveis (ferramentas, matérias primas, produtos etc.), quanto coisas imateriais (gentilezas, reciprocidades etc.).

Quando, como e onde negociar?

O conflito é o estopim que mobiliza as partes para uma solução negociada. Assim, quando se percebe que há algo incomodando, iniciam-se as conversações para se identificar e lidar com os elementos inflamáveis que, se não tratados, podem incendiar o ambiente, causar ruínas ou, no mínimo, romper relacionamentos. No entanto, para perceber a causa e a natureza do conflito e conduzir o processo de sua solução é preciso sabedoria, humildade e empenho para solucioná-lo.

Certas questões podem ser solucionadas sem a necessidade de atos formais, planejados, rebuscados, como exemplo, se um cliente demonstra impaciência causada por falta de atendimento, basta atendê-lo — iniciando com um pedido de desculpa pela demora. No entanto, parte das questões do mundo dos negócios requer um planejamento prévio ao diálogo. Por exemplo, seria imprudente alguém sentar à mesa de negociação de diversos temas do trabalho, em especial em um evento destinado a rever os direitos trabalhistas dos laborais de uma categoria — convenção coletiva do trabalho — sem estudar os fundamentos de cada item da pauta e conhecer as ideologias dos interlocutores. Similarmente, seria imprudente comprar certa quantidade de matéria-prima — que exija um alto investimento financeiro — sem pesquisar preços, sem planejar as estratégias de negociação, pois o comprador correria o risco de pagar muito mais do que o plano orçamentário prevê e poderia comprometer a capacidade financeira da empresa.

O processo de negociação exige um planejamento que se inicia com a coleta de informações — relativas às necessidades, desejos e capacidades de solução das demandas —, continua com o estudo profundo das descobertas e prossegue com as definições das estratégias que serão aplicadas para o alcance dos objetivos delineados. Realizado o planejamento, inicia-se o processo de busca de soluções com os interlocutores — quer presencialmente, quer a distância — e, quando as partes estiverem convictas de que encontraram os elementos que satisfazem as suas demandas ou objetivos, elabora-se um contrato — formal ou informal — para que ele possa orientar as ações de cumprimento dos itens do acordo.

Por seu turno, os leigos negociam empiricamente, ou seja, aplicam técnicas fundadas na experiência direta e na observação, sem comprovação científica. Os resultados que obtêm, portanto, podem ser ou não satisfatórios e podem ser exigidos esforços além do necessário.

Que princípios são recomendáveis a quem negocia?

Recomendamos aos negociadores a aplicação dos seguintes princípios[28]:

1. o conflito é visto sob diferentes óticas, portanto, a sua solução inicia com a compreensão da ótica do interlocutor;
2. o passado é um referencial a ser levado em consideração no momento da negociação, visto que tende a influenciar as decisões tomadas no presente;
3. opções e alternativas multiplicam as possibilidades de entendimento;
4. linguagem apropriada — tanto a oral quanto a corporal — facilita a comunicação;
5. ouvir tende a ser mais produtivo do que falar, pois permite compreender, antes de dizer, e a produzir expressões apropriadas — temos dois ouvidos e uma boca, no entanto boa parte das pessoas fala mais do que ouve;
6. a palavra improvisada gera o risco de pronunciamento equivocado, pode dificultar o processo de entendimento e comprometer a credibilidade do emissor;
7. o clima da negociação é construído pelas partes e a ela dá o tom, portanto, esteja consciente de que as partes podem vibrar e inovar em uma negociação, ou detestar o evento e ser improdutivas;
8. o conflito pode advir tanto de uma causa pontual como de episódios passados, portanto, a sua solução depende de identificar e tratar todos os episódios que colorem o contexto. Quando o conflito tem sua base em episódios passados seu tratamento é mais complexo;
9. para apontar solução ao conflito é imperativo analisar as relações de poder, culturas e sentimentos dos afetados, pois, se essas variáveis não forem consideradas o termo da solução corre o risco de ser frágil;
10. a gestão das emoções é fundamental em quaisquer situações, em especial nas que concernem ao tratamento de conflitos — a palavra gestão é aqui aplicada no sentido de apropriar a emoção à situação, isto é, em certos momentos há forte expressão emocional, em outros há expressões mais brandas;
11. visando lidar com respeito a quem diverge e firmemente com o problema é preciso considerar que pessoa é pessoa e problema é problema: é preciso sabedoria para separá-los e tratá-los adequadamente;
12. é mais produtivo discutir os referenciais sobre os quais o interlocutor assenta os seus entendimentos do que contestá-lo;
13. compreender as razões do outro tende a estimular o outro compreender as suas razões e a não compreensão às razões do outro tende a provocar ruptura;

[28] Nova versão dada à publicação de PINTO, É. P. *Negociação orientada para resultados*: a conquista do entendimento através de critérios legítimos e objetivos. 2. ed. São Paulo: Atlas, 1994.

14. honestidade é indispensável a qualquer relacionamento, especialmente em negociações com pessoas e organizações clientes ou parceiras;
15. utilize técnicas de negociação como meios de obtenção de acordo, em vez de aplicá-las como fins em si mesmas, aplicá-las para ostentar postura de superioridade ou para levar vantagem;
16. antes de concluir uma negociação, verifique se todos os itens foram adequadamente explorados, se todas as cláusulas do acordo são factíveis e se todas as pessoas envolvidas obtiveram seus interesses;
17. a negociação é um dos meios para se atender interesses e a honra ao contrato — dela decorrente — coroa as conquistas.

Princípios de negociação: preceitos que orientam as ações destinadas à obtenção de acordos que criem ou recriem situações.

A título de exemplo, segue uma situação fictícia que aplica o princípio 10 — gestão das emoções em situação de conflito.

Exemplo fictício de aplicação do princípio 10: um motorista — pseudônimo João Bala — estava levando uma carga por uma rodovia estadual e se deparou com um congestionamento quilométrico. Tendo-se em vista que seu comportamento como motorista coaduna com seu sobrenome — Bala — ele logo pensou como poderia se livrar do congestionamento. Lembrou que havia uma estrada vicinal a dois quilômetros e arremeteu o veículo pelo acostamento, alcançando-a em poucos minutos. Após percorrer 30 km foi surpreendido por uma quadrilha que levou seus documentos, o dinheiro, o celular e ainda atirou no pneu dianteiro do caminhão. Para fazer jus ao seu sobrenome, Bala saiu disparado pela vicinal a fim de se informar onde poderia encontrar uma borracharia. Encontrou um pedestre que morava na região, cuja pessoa, ao avistar João, ficou aflita por pensar que se tratava de algum lunático que poderia lhe agredir. João reduziu a velocidade — de sua corrida a pé — e perguntou onde havia uma borracharia. Aliviado, o pedestre informou que ela distava a três quilômetros. João saiu novamente como uma bala em direção ao endereço. Durante o percurso ele pensava:
"Estou 'sem lenço e sem documento' e o borracheiro não vai me socorrer. O que eu posso dizer? Vou explicar rapidamente a situação e ele tem de me ajudar. Mas, como? Ele não vai fazer o serviço de graça! Já sei: vou pedir o macaco emprestado e eu mesmo troco o pneu! Mas, ele não vai acreditar no que vou dizer! Vai pensar que sou um ladrão! Ele tem de acreditar!"
João Bala estava muito, muitíssimo nervoso, perturbado e ao chegar na borracharia entrou como uma bala e, não conseguindo falar, gritou:

— Borracheiro desgraçado, você vai ou não emprestar o macaco? Sem entender patavina, o borracheiro entrou no banheiro, trancou a porta e ligou para a polícia, usando o celular.

Ao ouvir a conversa, João Bala vazou estrada afora. Ao encontrar um telefone público, em um vilarejo, não teve dúvida, ligou para a associação dos caminhoneiros que ele é afiliado.

— Alô, chama fulano, agora!

— Fulano não está — respondeu a telefonista.

— Vai logo, "muié"! Então chama beltrano ou sicrano! A telefonista respondeu:

— Um minutinho. Fulano está chegando.

João contou a situação e fulano procurou acalmá-lo antes de orientá-lo. — Bala, fique tranquilo que vou resolver a situação pra você.

— Calma? Está escurecendo, estou sem dinheiro, estou com fome! Pimenta nos "zóios dosotros" não ardi, né? Fala logo!

— Eu compreendo a sua situação e jamais gostaria de estar em seu lugar agora. Vou pedir pra polícia local te socorrer. Faça um B.O. Vou localizar uma empresa de socorro mecânico e alguém irá efetuar a troca do pneu. Vou ligar para um hotel, reservar um apartamento pra você descansar esta noite e transferir o valor da reserva mais um montante de dinheiro pra você continuar a viagem tranquilamente. Fique próximo ao telefone e em poucos minutos eu entrarei em contato. Com todo esse conjunto de medidas, fulano conseguiu acalmar o Bala — por incrível que possa parecer.

4.3 Técnicas de Negociação

Se um professor iniciasse uma aula de negociação dizendo que técnica de negociação é técnica de negociação, isso soaria estranho, muito estranho, indubitavelmente. Mas essa afirmação faria sentido para iniciar a desconstrução do mito de que há técnicas boas e técnicas ruins.

O verbete "técnica" significa um conjunto de ferramentas que permite a consecução de uma arte. Portanto, não há juízo de valor no conceito em si, mas não é raro ouvir expressões, como técnica construtiva, técnica destrutiva, técnica avançada etc. Destarte, melhor dizer que aplicamos técnicas de forma adequada ou inadequadamente, tempestiva ou intempestivamente, honesta ou desonestamente etc. Em outras palavras, técnica é a realidade externa ao agente cognitivo e ele a aplica à sua maneira.

Para fins deste capítulo, técnica de negociação consiste conjunto de ferramentas — aplicado nas fases do processo negocial — destinado a facilitar o alcance do objetivo delineado.

Técnica de negociação: conjunto de ferramentas — aplicado nas fases do processo negocial — destinado a facilitar o alcance de um objetivo.

A vida apresenta mecanismos que podem ser utilizados de forma construtiva ou destrutiva. Assim também acontece no relacionamento comercial, isto é, os interlocutores podem utilizar argumentos, episódios, técnicas etc., para construir ou para destruir relacionamentos. Neste diapasão, esta seção ecoa o som das técnicas que podem ser utilizadas para afinar ou desafinar relacionamentos comerciais e respectivos proventos.

A organização orientada para a construção de relacionamentos mutuamente interessantes aplica técnicas de negociação como meios em vez de aplicá-las como fins em si mesmas e não utiliza artimanhas — em face de os seus propósitos honestos e transparentes. Muitos negociadores ficam entusiasmados com o poder de técnicas, por isso não têm consciência de que elas são os meios e as aplicam como sendo os fins. Assim, no ambiente em que esses negociadores laboram há excessiva preocupação com as estratégias e exígua atenção aos objetivos — em especial aos razoáveis —, há muitos movimentos e poucas conclusões. Isso se assemelha a um time de craques de futebol que circula excessivamente a bola de pé em pé e raramente chuta ao gol, portanto, o objetivo de vitória resta prejudicado pela apresentação — a exemplo do que ocorreu nas apresentações da Seleção Espanhola de Futebol, na Copa do Mundo realizada no Brasil e na realizada na Rússia.

4.3.1 Técnicas para se construir relacionamentos comerciais duradouros

Há um volume expressivo de técnicas que podem ser aplicadas na condução do processo de uma negociação comercial. Nesta seção, desfilam algumas dicas para: a proposição de opções e de alternativas, a realização da empatia, o autoconvencimento da viabilidade da proposição, a adequação da postura com a fala.

Proposição de opções e de alternativas

O atendente pode disponibilizar opções de ofertas ou ofertas alternativas, em especial no momento em que notar que a pessoa em atendimento não gostou de certo produto.

Exemplo e análise de oferta de opções de roupas esportivas. Há uma variedade de roupas esportivas, dentre elas camiseta, bermuda, short etc. Esses bens podem ser oferecidos em tamanhos pequeno, médio ou grande; em cores branca, azul, verde etc.; em matizes clara, média ou escura; em texturas lisa, rugosa, macia, áspera ou ondulada; em estampa discreta, ou arrojada. Nesse exemplo, opção significa a liberdade de escolha dentre as peças com detalhes distintos (tamanhos, cores, matizes, texturas e estampas), visando satisfazer a mesma finalidade (roupa destinada ao uso em ocasiões ou locais informais).

Opção. Faculdade de escolha entre bens que têm a mesma natureza, mas que apresentam detalhes distintos.

Seguindo o mesmo exemplo (roupa esportiva), o verbete "alternativa" significa a possibilidade de a pessoa escolher peças que podem ser alternadas ou combinadas com outras para uso em ocasiões ou locais distintos. Por exemplo, quem adquire uma sunga e uma bermuda tem a faculdade de alterná-las ao ir a uma praia; de combinar o uso da bermuda com uma camiseta, ao ir a uma academia de malhação.

Produto alternativo. Bem que possibilita uso ou aplicações alternadas ou combinadas.

Produtos alimentícios também podem ser aplicados na explicação da diferença entre a palavra 'opção' e a palavra 'alternativa'.

Exemplo de oferta de bem alternativo. Se as opções de consumo de plantas hortenses (almeirão, alface, rúcula, agrião etc.) não agradarem à pessoa, alternativas, como leguminosas e tubérculos, podem ser oferecidas — em termos de alimentos, ninguém será criticado por permanecer no terreno das opções ou das alternativas. A propósito, a alternância entre folha, leguminosa e tubérculo tende, segundo os técnicos de alimentos, a melhorar o teor da nutrição e da saúde.

A oferta de opções e de alternativas de consumo pode render dividendos inesperados, pois a pessoa interessada pode gostar da recomendação, comprar vários produtos e se tornar cliente, em virtude do leque de ofertas/escolhas.

Realização de empatia

Empatia consiste na experimentação mental dos pensamentos e sentimentos de outra pessoa, visando compreendê-la e ajudá-la. Nesse sentido, um bom exercício para o atendente ampliar seu grau de compreensão do evento e contribuir com a decisão da pessoa atendida consiste em colocar-se no lugar dela. Assim, se o atendente experimentar incerteza sobre a aquisição de certo bem é de bom alvitre oferecer outros. A pergunta seguinte ilustra como iniciar a mudança de uma proposta não convincente: haveria outro produto com qualidade, preço, condições de pagamento e prazo de entrega mais interessante do que este produto?

Empatia: técnica de experimentação mental dos pensamentos e sentimentos de outra pessoa, visando compreendê-la e ajudá-la.

Figura 4.1 — Imagem que simboliza a empatia: o espelho reflete a identificação do transeunte com o mendigo e como ele se sentiria se ele estivesse nessa condição

Fonte: LIBREPENSAMIENTOS. *Entrevista sobre 'la ilusión de la empatía' em magazine PortVitória'*, 2013. Disponível em: <http://fernandorgenoves.blogspot.com.br/search?updated-max=2013-12-04T10:19:00%2B01:00&max-results=6&start=29&by-date=false>. Acesso em: 1 set. 2016.

Autoconvencimento da viabilidade da proposição

O grau de facilidade para propor uma solução a algo — por exemplo, para satisfazer a necessidade de um bem — será maior quando o proponente estiver convicto de que ela é realmente interessante. Assim, para conhecer o próprio grau de convicção a pessoa que atende pode, por exemplo, perguntar: se eu estivesse pesquisando um bem para satisfazer a minha necessidade e desejo, eu compraria o que está sendo oferecido? Nessa mesma artéria: Eu pagaria por esse preço? Eu levaria essa quantidade? Eu esperaria o tempo definido para a entrega? Eu pagaria segundo a quantidade de parcelas definidas? Se a resposta a cada questão consiste em 'sim' o ofertante tem argumentos suficientes para convencer a pessoa interessada, caso contrário, ele pode fazer esse exercício com outro produto e o oferecer se as respostas forem positivas. Em outras palavras, para oferecer soluções é necessário que a própria pessoa esteja convencida de que elas solucionam a demanda — esse questionamento é realizado previamente à proposição, ou seja, constitui ação de planejamento.

Adequação da postura corporal com a fala

O atendente pode obter bom desempenho a partir de diversas ações, em especial as concernentes à observação de falas e de posturas corporais — as próprias e as da pessoa interlocutora —, com o intuito de compatibilizá-las.

Sabe-se que perguntas adequadas tendem a gerar respostas adequadas. O inverso também é verdadeiro: perguntas inadequadas tendem a gerar respostas inadequadas. Perguntas genéricas são pouco auxiliadoras, pois a tendência da resposta é 'sim', ou 'não': essas respostas não promovem ações específicas, mas apenas opiniões vagas.

Exemplos de indagações genéricas no atendimento e prováveis resultados: Todos os produtos te agradam? Você acha que nossos produtos têm qualidade superior aos dos nossos concorrentes? Os preços cabem em seu bolso? Você gostou do atendimento? Você está satisfeita? À primeira pergunta, tende-se a obter as seguintes respostas: Sim, quase todos. A maior parte. Alguns. Com essas respostas o atendente pouco ou nada fica sabendo sobre a preferência da interessada e pouco ou nada pode fazer. Se perguntar, por exemplo, do seguinte modo: qual ou quais destes cinco produtos que mais te agrada? A tendência de resposta é este, aquele, estes, aqueles etc. Assim, o atendente identifica a preferência do cliente.

Algumas dicas adicionais de perguntas e afirmações concernentes:

- *ao produto.* Qual dos produtos apresentados atendem ao seu interesse? Se a adquirente a indicar algum, pode-se passar para o fator preço. Se disser que não gosta de nenhum, pergunte: você quer que eu mostre mais alguns? Se a pessoa responder que sim, indague: exatamente quais características — por exemplo medida, cor, matiz, textura e estampa – você quer que sejam diferentes em outros produtos? E, quando a pessoa indicar a escolha, pode-se perguntar: você está convicta de que este produto atende ao seu interesse? — Há atendente que receia apresentar essa última pergunta, em virtude de a possibilidade de a adquirente se arrepender e delongar o tempo dedicado à venda. Entretanto, com todo a respeito a quem tenha esse tipo de receio, a compra insatisfatória cria sentimentos negativos, como: fui enganada, não fui bem atendida, não fiz boa aquisição etc. Por óbvio, sentimentos como esses dificultam o retorno da adquirente para nova compra. Destarte, é melhor investir mais tempo para que a adquirente fique satisfeita e se torne cliente.
- *ao preço.* O preço do produto está adequado? Se a resposta for negativa: Em que faixa de preço você quer que eu apresente outros produtos?
- *à forma de pagamento.* Em termos de compras presenciais normalmente as empresas dispõe de opções de pagamento por cartão — crédito ou débito — ou em espécie. Já em compras à distância, são oferecidas opções de cartão, boleto bancário, transferência bancária etc. Assim, resta a pergunta sobre o tipo de opção que a pessoa adquirente quer emitir.
- *ao prazo de pagamento.* Segue a mesma regra da forma de pagamento, isto é, resta à pessoa adquirente optar pelo que mais lhe convém, dentre os prazos disponibilizados.

- *ao prazo de entrega.* Informe o prazo de entrega à pessoa em atendimento e pergunte se ele é satisfatório. Se a resposta for negativa, pergunte: Até que data você pode esperar para receber o produto? Alternativamente, em especial quando a política da empresa não possibilita alterar prazos de entrega, prontifique-se a empenhar esforços para que a entrega seja em tempo inferior ao previsto.
- *à satisfação com o atendimento.* É recomendável elaborar mais de uma pergunta, visto que a conclusão bem-sucedida de uma transação inicia o processo de transformação de um adquirente em cliente. O conjunto de transações bem-sucedidas inicia o processo de fidelização do cliente. Assim, pergunte: Você ficou satisfeito com a quantidade e qualidade dos produtos apresentados? Você se sentiu à vontade para investigar produtos e decidir sobre a compra? Você está disposto a recomendar esta loja para as pessoas de seu relacionamento? Não se aborreça se uma ou mais respostas contrariarem ao seu interesse, pois conhecer o grau de satisfação real é essencial para realimentar o processo. Em outras palavras, não tenha receio de quem possa reclamar, tenha receio de quem se cala — quem reclama produz elementos para a melhoria do processo de atendimento, quem se cala, não.

Em uma corrida, um atleta mobiliza a cabeça, o tronco e os membros, em especial coordenando-os. Semelhantemente, atendente e atendido mobilizam seus corpos e suas falas no ato do atendimento e é desejável que haja compatibilidade. Assim, é recomendável evitar incompatibilidades, como:

- enaltecer algo e menear a cabeça negativamente,
- dizer que está receptiva/receptivo a alguma coisa e cruzar os braços rigidamente (sinal de indisponibilidade ou defesa), bocejar (sinal de desalento) e não olhar adequadamente para a pessoa em atendimento (olhar evasivo),
- olhar para a pessoa atendida, enquanto que o pensamento viaja por plagas estranhas ao atendimento,
- dizer para a pessoa que está sendo atendida que compreende e respeita o seu ponto de vista e expressar sorriso irônico, gesticular muito ou colocar o dedo indicador em riste.

4.3.2 Técnicas utilizadas para o ganho unilateral

Não é pequena a quantidade de pessoas que visualiza a negociação como um jogo destinado a obtenção de ganhos unilaterais, em vez de a consecução de ganhos plurais. Para tanto, essas pessoas aplicam meios destinados a enfraquecer a posição dos interlocutores e promover o fortalecimento — ainda que ilusório — de suas posições, mesmo que por tempo curto, isto é, enquanto não denunciados, não enfrentados. No entanto, essa forma — doravante denominada artimanha — afronta os saudáveis preceitos de negociação.

Artimanha aplicada no processo de negociação: modo hábil de ludibriar alguém em qualquer momento ou fase do processo, para obter ganho unilateral.

A aplicação de artimanhas pode ser analisada em termos de postura do negociador, o conteúdo da pauta e o cenário da negociação[29].

O decálogo das artimanhas com foco em comportamento na negociação

1. *Jogo de cena*: constituir uma equipe de negociação em que um ou mais negociadores exercem papéis cordiais e um ou mais exercem pressão psicológica. Assim, enquanto a equipe de pressão força o interlocutor a conceder, a equipe "cordial" ameniza o impacto da equipe de pressão, para evitar que haja desistência ou ruptura;
2. *Fragmentação da estrutura oponente*: empenhar esforços para causar divisão na outra parte, em especial, dirigindo a palavra apenas à parte considerada mais sensata, visando cooptá-la;
3. *Emboscada*: combinar com uma ou mais pessoas para, repentinamente, acessarem o local em que a negociação ocorre e mencionarem palavras de ordem, visando causar impacto na postura da outra parte;
4. *Falso sentimento*: fazer-se de vítima ou demonstrar perplexidade diante de situações ou propostas que em tese não ensejam esse comportamento, para induzir o interlocutor a sentir-se algoz e induzi-lo a mudar a sua atitude;
5. *Falsa flexibilidade*: dizer que está disposto/disposta a considerar todos os interesses da outra parte, mas não exerce empatia e não abre mão dos próprios parâmetros;
6. *Falsa insuficiência de autoridade*: dizer que não tem autoridade para aceitar determinada proposta, visando obter mais concessões;
7. *Simulação de abandono*: fingir que cessou o interesse em negociar, visando pressionar o interlocutor a conceder;
8. *Falsa apatia*: fingir que não está prestando atenção nas palavras do interlocutor, mas, de fato, está contabilizando as promessas e as exige em momento de sua conveniência;

---

[29] Esta classificação não tem a pretensão de ser precisa — visto que certos itens podem pertencer a mais de uma categoria —, mas de aproximar a inclusão de cada variável no fator que a acolhe com mais robustez. Também não pretende ser completa, pois fugiria ao objetivo de apresentar exemplos.

9. *Falsa deficiência física-mental*: comportar-se como se tivesse problema de concentração, percepção, audição etc., visando negar que compreendeu bem a certa condição já acordada, para se livrar de compromisso ou para obter mais concessões;

10. *Amigo-da-Onça*: familiarizar-se rápida e intensamente com a outra parte para — dissimuladamente — obter concessões.

O septeto das artimanhas, com foco no tratamento da pauta

1. *Decida ou mora*: dizer ao cliente que a demanda por certo produto é superior à oferta, para que ele pense que o produto poderá estar indisponível brevemente e, assim, sentir-se pressionado a comprar imediatamente;

2. *Comer o mingau pelas bordas*: solicitar ao interlocutor para apresentar apenas mais uma concessão, no entanto, exige mais concessão a cada concessão realizada;

3. *Jogo de conteúdo*: forçar o interlocutor a aderir a sua proposta, atacando a dele — por exemplo, apontando suposto defeito;

4. *Indução planejada de valor*: propor um valor muito diferente do praticado pelo mercado, para induzir o interlocutor a discutir a sua proposta e aceitá-la;

5. *Ocultamento por conveniência*: deixar de apontar ou incorporar item na pauta, segundo a própria conveniência, e exigir a sua incorporação no contrato, mesmo que o contratado comprove que esse item não constou da negociação;

6. *Pressão da agenda*: forçar o interlocutor a aderir determinada proposta para não perder a oportunidade;

7. *Fato consumado*: apresentar contrato com teor distinto do combinado — para forçar a sua aceitação imediata nessa condição, pois a recusa pode implicar em perda de tempo ou desgaste.

O triunvirato das artimanhas, com foco no cenário da negociação

1. *Local ou tempo impróprios*: atender o visitante em ambiente a ele desfavorável ou limitar o tempo destinado à negociação, impedindo-o de se concentrar e aprofundar as discussões;

2. *Assento em posição imprópria*: disponibilizar ao interlocutor um acento mais baixo, para que ele se sinta em posição de inferioridade;

3. *Mudança da regra durante o "jogo"*: alterar regras estabelecidas, quando conveniente.

Os exemplos a seguir demonstram a aplicação de engodos concernentes aos itens 5 e 6 do septeto das artimanhas.

Exemplo verídico de aplicação de artimanha intitulada "ocultamento por conveniência".

Na apresentação de um orçamento sobre impressão e montagem de um livro, o diretor de uma gráfica editora não registrou vários itens importantes à tomada de decisão, dentre eles o prazo de entrega, a forma e o prazo de pagamento. Por isso, o autor do pedido solicitou a inclusão desses registros na proposta orçamentária. O diretor respondeu que o sistema não permitia a inserção de itens que não constavam do modelo padrão. Em resposta, o autor perguntou se a gráfica editora utilizava o sistema ou o sistema a utilizava — de forma genérica, se um sistema deve servir à pessoa ou se a pessoa deve servir a um sistema. O diretor não respondeu ao questionamento, mas se dispôs a registrar as informações solicitadas. Minutos depois, o autor recebeu um e-mail com a seguinte mensagem: "prazo de entrega até 30 dias após assinatura do contrato e pagamento".

Exemplo verídico de aplicação de artimanha intitulada "pressão da agenda".

Esse diretor disse, por telefone, que estava encerrando naquele dia os preços promocionais ofertados desde a Bienal do Livro. Diante dessa manifestação, o autor questionou a informação constante do item 'validade da proposta', visto que constava o prazo de três dias para a extinção do orçamento — o diretor não respondeu ao questionamento.

No contexto da mensagem concernente ao item "ocultamento por conveniência", chama a atenção a falta de menção de a que orçamento a informação referenciava. Adicionalmente, o emitente utilizou outro endereço eletrônico (e-mail), a mensagem chegou como spam e as informações sobre a forma e o prazo de pagamento não foram registradas. Por isso, o autor pediu ao emitente incluir essas informações no corpo da proposta, no entanto, isso não aconteceu nos e-mails seguintes que os interlocutores compartilharam.

Diante dos fatos, o autor decidiu por abandonar a negociação e descartar essa gráfica de seu relacionamento comercial.

Os exemplos a seguir resumem os emitidos em cada modalidade de classificação.

Exemplos de artimanha quanto ao comportamento na negociação: a constituição de uma equipe de negociação em que um ou mais negociadores exercem papeis cordiais e um ou mais exercem pressão psicológica; o empenho de esforços para causar divisão na outra parte; a promessa de considerar todos os interesses da outra parte, mas não há o exercício de empatia e não há a abertura de mão dos próprios parâmetros.

Exemplos de artimanha quanto ao tratamento da pauta: articular a discussão do conteúdo de forma a obter vantagens para si em detrimento do interesse da outra parte, em especial manifestando, em certo momento, predisposição a ceder em outro momento se a outra parte conceder no momento em que está pleiteando vantagens; apresentar contrato com redação de cláusula que difere do que constou do acordo oral.

Exemplos de artimanhas concernentes ao cenário da negociação: atender o visitante em ambiente a ele desfavorável; alterar regras estabelecidas, durante o andamento do processo de negociação.

Em situações como essas, a parte considerada objeto de manipulação apresenta motivos suficientes para abandonar a negociação: de forma mais contundente, romper o relacionamento comercial.

4.4 Negociação de Conflitos em Atendimentos

Todos os seres convivem cotidianamente com situações que — em maior ou menor grau — provocam incertezas e divergências. Daí conflitos tendem a surgir e em vez de tratá-los como ameaças eles podem ser percebidos e tratados como oportunidades ao crescimento e desenvolvimento. Superá-los é concretizar a nossa existência. No, entanto, é preciso paciência e sabedoria; em outras palavras, saber aplicar técnicas de tratamento de conflitos que possam reduzir o espaço da divergência de um campo e, consequentemente, ampliar o da convergência.

Estudos sobre interações em situações de conflitos definiram diversas tipologias, como as criadas por Thomas e Kilmann[30], Hall[31], Rahim[32] e Furlong[33].

O modelo de tratamento de conflitos, mostrado na Figura 4.2, consiste em duas dimensões — intransigência e transigência — em que figuram cinco modos de lidar com conflitos: competição, concessão, evasão, integração, conciliação.

Taxonomia bidimensional de tratamento de conflitos: modelo que consiste em duas dimensões em que figuram cinco modos de lidar com conflitos.

---

[30] THOMAS, K. W.; KILMANN, R. D. *The Thomas-Kilmann conflict mode instrument*. Tuxedo: Xicom, 1974.

[31] HALL, J. *Conflict management survey*: a self-assessment of your techniques for managing conflict. Houston: Telemetric International, 1969.

[32] RAHIM, M. A. *Rahim organizational conflict inventories*: professional manual. Palo Alto: Consulting Psychologists Press, 1983.

[33] FURLONG, G. T. *The conflict resolution toolbox*: models and maps for analysing, diagnosing and resolving conflict. Mississauga: John Wiley & Sons, 2005.

As definições dos tipos ou estilos encontrados por Thomas e Kilmann são interpretadas da seguinte maneira[34]: O estilo competição tem orientação para a assertividade, ou seja, é expresso através da intenção de lutar pelos próprios interesses. O estilo concessão tem orientação para a transigência, isto é, aquele expresso através da intenção do atendimento dos interesses do interlocutor. O estilo colaboração é orientado para os interesses mútuos, ou seja, é expresso através da intenção de integração plena dos interesses de todos os envolvidos no conflito. O estilo evasão é orientado para a não cooperação e a não intransigência, isto é, é expresso na intenção de evitar o conflito. O estilo conciliação é orientado para o atendimento parcial dos interesses das partes, ou seja, é expresso através da intenção de atendimento apenas parcial dos interesses dos envolvidos no conflito[35].

Figura 4.2 — Representação gráfica da taxonomia bidimensional de tratamento de conflitos

Fonte: Adaptado de Thomas e Kilmann, 1974.

Thomas (1974) afirma que "as manifestações que modelam as atitudes das pessoas em conflito normalmente são econômicas e racionais" e o processo se desenvolve por "consciência do conflito, elaborações e emoções, intenções, comportamentos e consequências"[36] — a palavra 'normalmente' está muito bem aplicada, visto que a pessoa tende a não utilizar a razão em situação de pânico.

---

[34] THOMAS, K. W.; KILMANN, R. D., 1974, p. 171-172.
[35] Idem, p. 172.
[36] PINTO, É. P. *Relação entre características demográficas e estilos de tratamento de conflito*: um estudo envolvendo negociadores trabalhistas do setor jornalístico e de transportes aéreos dos Estados Unidos. Doutorado em Administração de Empresas da Escola de Administração de Empresas de São Paulo, Fundação Getúlio Vargas. São Paulo: 1995.

Exemplo de uma situação real cômica, mas dramática, em que a razão restou pre-judicada.

Certo vendedor de cigarros estava realizando uma venda em um bar situado em periferia de São Paulo quando, de repente, um estranho deu três tapinhas em suas costas. O vendedor olhou para a pessoa e ouviu a seguinte frase: Você tem dinheirinho aí? O vendedor pensou que se tratava de brincadeira promovida por algum cliente do bar, sorriu e disse: só se você tiver um revólver! O assaltante levantou a camiseta e mostrou a arma que portava em sua cintura. O humor do vendedor se transformou em pânico e ele fez a coisa certa: entregou o montante que portava — em termos técnicos, o estilo de "negociação" aplicado pelo ven-dedor é denominado concessivo ou acomodação.

Aplicando a taxonomia bidimensional ao cenário do atendimento, pode-se constatar que atendente e atendido se relacionam competindo, concedendo, evi-tando, colaborando, ou conciliando suas posições: os exemplos seguintes — um real e outro fictício — demonstram a aplicação dos estilos.

Exemplo real e análise de aplicação do modelo Thomas-Kilmann: um cliente de uma clínica — doravante denominado X — chegou com dez minutos de anteci-pação ao horário que agendou. Minutos depois, outro cliente — doravante de-nominado Y — chegou na clínica, informou seu nome para a recepcionista e sen-tou-se. Tempo depois, a recepcionista anunciou ao cliente Y que ele seria o pró-ximo a ser atendido. Inconformado, o cliente X disse que a vez seria sua, pois havia chegado antes de Y — nesse momento X estava competindo. Sem explicar a regra que a clínica adotava para a marcação de horário e o respectivo atendi-mento, a recepcionista respondeu para X simplesmente dizendo que Y havia agendado um horário que antecedia ao horário marcado por X — nesse mo-mento a recepcionista estava competindo. X replicou dizendo que conquanto Y havia marcado um horário anterior, ele chegara atrasado, portanto, não teria di-reito de ser o próximo — X continuou a competir. A recepcionista não fez tréplica, silenciou-se — neste momento a recepcionista aplicou o estilo evasivo (não tra-tou do problema). No momento em que o médico solicitou a entrada de novo paciente, X se levantou, mas a recepcionista encaminhou Y — ela continuou em fuga em relação a X e foi concessiva em relação a Y. Se X não se manifestasse, seu estilo se caracterizaria como evasivo. Se a recepcionista explicasse que o in-gresso no consultório é de acordo com a ordem horária da agenda, ao invés da hora do comparecimento ela estaria encaminhando o conflito para a possibili-dade de extinção, pois X poderia compreender que sendo essa a regra ele teria de ceder. Supondo que seria factível o contato da telefonista com o médico soli-citando o atendimento a Y em quinze minutos ao invés de utilizar o tempo padrão

— trinta minutos —, ela poderia propor a X a espera desse tempo. Se X concordasse, ambos estaria aplicando o estilo conciliador. Supondo uma situação surreal, isto é, se fosse factível o médico atender a ambos os clientes concomitantemente, o conflito seria extinto com a aplicação do estilo colaborador. Se a recepcionista conversasse com Y e ele concordasse em ser atendido após X, Y estaria sendo concessivo e a recepcionista estaria colaborando com X.

Exemplo simulado e análise de a aplicação do modelo Thomas-Kilmann: em uma loja de vestuário, uma cliente separa uma peça de roupa e a entrega para a atendente. A atendente consulta o preço no sistema e anuncia o valor de R$ 350,00. A cliente informa que a sua amiga comprou peça igual por R$ 320,00 há trinta minutos. Se a atendente afirmar que tem de cobrar o valor que consta no sistema e a cliente afirmar que exige a venda por R$ 320,00, ambas estarão competindo. Se a cliente sair do estabelecimento sem nada mais manifestar e a atendente também não se manifestar, o estilo evasivo estará permeando o relacionamento. Se a cliente retornar e dizer que concorda em pagar o preço que consta no sistema, ela estará concedendo. Se as partes negociarem e estabelecerem o preço intermediário (R$ 335,00) haverá a manifestação do estilo conciliador (ambas cederam um pouco e chegaram ao acordo). Se ambas negociarem e encontrarem uma solução que atende plenamente aos seus interesses — por exemplo, desconto de R$30,00 na compra de uma segunda peça — estará sendo manifesto o estilo colaborador.

4.5 Síntese do Capítulo

Negociação consiste em uma ação ou resultado de negociar. De forma mais abrangente, negociação é o ato que visa permutar bens e é realizado a partir de um processo que envolve um conjunto de técnicas.

A negociação é uma missão fascinante quando realizada com lealdade, apreço, dedicação e tempestividade. Para tanto, é preciso considerar que a pessoa interlocutora é parte, tanto do problema, como de sua solução, pois não conseguiríamos soluções sem a sua participação e contribuição. E, como ela faz parte, seria moralmente impróprio não considerar as suas necessidades e desejos.

Ao longo da vida, todas as pessoas negociam cotidianamente com membros da família, com parentes, com amigos, com colegas de trabalho, com fornecedores de bens, com clientes etc. Como exemplo, já no ventre materno o feto negocia (reage a) coisas diversas com a sua genitora, em específico, realiza movimentos delicados e emotivos em contrapartida aos carinhos que recebe.

O conflito é o estopim que mobiliza as partes para uma solução negociada. Assim, quando se percebe que há algo incomodando, iniciam-se as conversações para se identificar e lidar com os elementos inflamáveis que, se não tratados, podem incendiar o ambiente, causar ruínas ou, no mínimo, romper relacionamentos.

Certas questões do mundo dos negócios podem ser solucionadas sem a necessidade de atos formais, planejados, rebuscados, no entanto, parte das questões requer um planejamento prévio ao diálogo. O planejamento do processo de negociação é iniciado com a coleta de informações, continua com o estudo profundo das descobertas e prossegue com as definições das estratégias que serão aplicadas para o alcance dos objetivos delineados. Realizado o planejamento, inicia-se o processo de busca de soluções com os interlocutores e, quando as partes estiverem convictas de que encontraram os elementos que satisfazem as suas demandas ou objetivos, elabora-se um contrato para que ele possa orientar as ações de cumprimento dos itens do acordo.

Recomendo aos negociadores a aplicação de princípios, como: o conflito é visto sob diferentes óticas, portanto, a sua solução inicia com a compreensão da ótica do interlocutor; ouvir tende a ser mais produtivo do que falar; a palavra improvisada gera o risco de pronunciamento equivocado, pode dificultar o processo e comprometer a credibilidade do emissor; o clima da negociação é construído pelas partes e a ela dá o tom; a gestão das emoções é fundamental em quaisquer situações, em especial nas que concernem ao tratamento de conflitos; visando o respeito a quem diverge e tratar firmemente o problema é preciso sabedoria para separá-los; honestidade é indispensável à qualquer relacionamento, especialmente em negociações com pessoas e organizações clientes ou parceiras.

Técnica de negociação consiste em um conjunto de ferramentas destinado a facilitar o alcance do objetivo delineado. No que tange à negociação comercial, dentre as técnicas relevantes constam a proposição de opções e de alternativas, a realização da empatia, o autoconvencimento da viabilidade da proposição e a adequação da postura com a fala.

A palavra e a expressão corporal dão o tom ao cenário do processo de negociação. Em termos de oralidade, explora-se tipos de perguntas, momento de fazê-las, formas apropriadas, intensidade e finalidade das questões. Em termos de expressão corporal é fundamental analisar as atitudes e comportamentos de outrem e a própria atitude.

Parte dos negociadores concebem a negociação como um jogo destinado a obtenção de ganhos unilaterais, em vez de consecução de ganhos plurais. Essas pessoas aplicam técnicas com o intuito de enfraquecer a posição dos interlocutores e promover um fortalecimento de suas posições, mesmo que por tempo curto, isto é, enquanto não denunciadas, não enfrentadas. No entanto, esses meios afrontam os princípios que orientam o relacionamento saudável e duradouro.

A aplicação de artimanhas pode ser classificada quanto ao comportamento na negociação, tratamento da pauta e ao cenário da negociação.

Estudos sobre interações em situações de conflitos resultaram diversas tipologias. A taxonomia bidimensional, aponta os seguintes modos de tratar conflitos: competição, concessão, colaboração, evasão e conciliação. O estilo competição tem orientação para a intransigência. O estilo concessão tem orientação para a transigência. O estilo colaboração é orientado para os interesses mútuos. O estilo evasão é orientado para a não cooperação e a não intransigência. O estilo conciliação é orientado para o atendimento parcial dos interesses das partes. Aplicando esse modelo ao cenário do atendimento, pode-se constatar que atendente e atendido se relacionam competindo, concedendo, evitando, colaborando, ou conciliando seus interesses. Essas situações podem ser observadas nas expressões orais e corporais dos interlocutores.

4.6 Questões Para Estimular Debate e Assimilação de Conteúdo

1. Conceitue negociação e comente a importância do interlocutor envolvido na negociação.
2. Quem negocia e o que negocia?
3. Defina conflito e explique quando e como se pode negociá-lo.
4. Quais são os passos para se planejar uma negociação?
5. Conceitue a expressão "técnica de negociação" e fale sobre a sua finalidade.
6. Diferencie o verbete "opção" da palavra "alternativa".
7. O que significa empatia? Exemplifique como o atendente pode exercê-la.
8. Cite alguns princípios recomendáveis a quem negocia.
9. O que significa autoconvencimento da viabilidade da proposição?
10. O que significa compatibilidade da fala com a postura? Dê exemplos.
11. O que significa artimanha? Dê exemplos de sua aplicação no processo de negociação.
12. Quais são os estilos abordados na taxonomia bidimensional de tratamento de conflitos? Explique o significado de cada um.

Capítulo 5
Ambiente Eletrônico de Negócios

5.1 Objetivo do Capítulo

Apresentar e discutir conceitos, práticas e dicas de atendimento em ambiente de negócio eletrônico, ou seja, suas especificidades e desafios. Para tanto, este capítulo apresenta as seguintes seções: aproximação do contexto da Internet, modelos de operacionalização de negócios na Internet, síntese do capítulo, questões para estimular debate e assimilação de conteúdo.

5.2 Aproximação do Contexto da Internet

A Internet pode ser definida como uma tecnologia mediadora que aproxima e intermedia pessoas e organizações em suas transações, ou seja, elas não precisam estar próximas ou atuando diretamente entre si. Assim, ela possibilita aos usuários atuarem como pesquisadores, fornecedores, compradores ou simplesmente "navegadores".

A Internet possui múltiplas características, dentre elas:

- universalidade — está em todos os lugares (ou em quase todos);
- atemporalidade — não depende do tempo, pois está disponível 24 horas por dia, todos os dias;
- distributividade — canal que permite entregar uma infinidade de bens, como notícias, softwares, músicas etc.;
- agregação — agrega usuários cotidianamente e seu valor aumenta a cada indivíduo que a utiliza;
- socialização — compartilha informações com pessoas de todas as classes sociais, idades, gêneros etc.;
- econômica: permite reduzir custos de projeção, produção, comercialização, entrega etc.

Há dois tipos principais de intermediários na Internet, isto é, diretórios e mecanismos de pesquisa. Diretórios consistem nas listagens estruturadas de sites, organizadas em diferentes categorias. Mecanismos de pesquisa, por seu turno, são sites que indexam — usando rastreadores automáticos — outros sites, por palavras-chave, nos quais os usuários podem pesquisar.

Exemplo de diretório: a Plataforma Lattes (CNPq) possui um diretório que reúne os grupos de pesquisa em atividade no Brasil, constituídos por pesquisadores, estudantes e técnicos. Em uma consulta parametrizada, digitando-se uma palavra de interesse — produtividade, por exemplo —, o diretório aponta os nomes dos grupos que pesquisam o tema, as instituições em que os pesquisadores laboram, os líderes e as áreas de pesquisa (medicina, administração, zootecnia etc.). Clicando-se no nome do grupo, obtém-se sua situação, ano de formação, área predominante etc.

Há dois tipos principais de portais (pontos de entrada para a Internet/WWW)[37]: o horizontal e o vertical. Os horizontais são portais de propósito geral que tentam ser "tudo para todas as pessoas", oferecendo acesso a uma ampla variedade de destinos de conteúdo e comércio (por exemplo, Google, Bing...). Os verticais atuam como pontos de acesso a sites relacionados a um único tema, área funcional ou grupo de interesse.

Exemplos de portais verticais: *The Eco Gateway* é um portal que reúne mais de 5.000 links de websites e páginas para que indivíduos e organizações possam lidar com o meio ambiente de forma diligente e assegurar futuro sustentável[38]. Alexia — uma das empresas do conglomerado Amazon — realiza pesquisa de sites mais visitados. Segundo a empresa, em maio de 2018 os 10 sites mais visitados por residentes no Brasil foram, pela ordem do primeiro para o décimo: Google.com.br, YouTube.com, Google.com, Facebook.com, Live.com, Globo.com, Mercadolivre.com, Uol.com.br, Yahoo.com, Blogspot.com[39].

Conquanto o ambiente de negócios eletrônicos caminha a passos largos e veio para ficar, estudos mostram que a sua implantação e desenvolvimento não podem ignorar a cultura existente na organização, isto é, segundo a empresa The Boston Consulting Group, "apenas 17% das empresas que negligenciam a cultura do local de trabalho em seus esforços de transformação digital melhoram o desempenho, enquanto 90% das empresas que priorizam a cultura prosperam"[40]

---

[37] Os portais funcionam como entradas para a Internet/WWW, portanto, é de se esperar que eles sejam sites muito populares, isto é, frequentemente visitados.

[38] The Eco Gateway — *Your guide to sustainability on line*. Disponível em: <http://www.ecoiq.com/onlineresources/>. Acesso em: 5 set. 2018.

[39] Blastingnews — *Os 15 sites mais acessados no Brasil*. Disponível em: <https://br.blasting-news.com/tecnologia/2018/05/os-15-sites-mais-acessados-no-brasil-002600989.html>. Acesso em: 13 set. 2018.

[40] The Boston Consulting Group — *Why do many digital transformations fail? The company doesn't focus enough on culture*. Disponível em: <https://www.bcg.com/d/press/12july2018-why-do-many-digital-transformations-fail-197024>. Acesso em: 16 set. 2018.

Uma das mudanças significativas promovidas pela Internet concerne a eliminação de um ou mais intermediários, isto é, certos produtores excluem o atacadista e até o varejista da tradicional cadeia produtiva (produtor, atacadista, varejista, consumidor) e, semelhantemente, certos varejistas eliminam distribuidores.

Exemplo: minutos antes de redigir este parágrafo (20 set. 2018) soube que certas redes de postos de combustíveis estão pressionando a Agência Nacional do Petróleo, Gás Natural e Biocombustíveis (ANP) para facultá-las a adquirir combustíveis líquidos automotivos (óleo diesel, gasolina, etanol e biocombustível) diretamente dos agentes autorizados pela ANP, tentando, assim, eliminar distribuidoras como BR Distribuidora, Ipiranga e Shell[41].

A Figura 5.1 exemplifica três situações, ou seja, na primeira linha não há desintermediação; na segunda linha o atacadista é eliminado, e; na terceira linha tanto o atacadista, quanto o varejista são eliminados. Em outras palavras, na segunda linha o produtor vende seus produtos diretamente para o varejista e este ao consumidor; na terceira linha o produtor vende diretamente ao consumidor.

Figura 5.1 — Desintermediações promovidas pela Internet

Nos primórdios da Internet acreditava-se que ela provocaria a desintermediação de forma generalizada, mas o impacto foi aquém, em especial visto que surgiram intermediários cibernéticos.

Em tese a desintermediação resulta em menores custos para os membros que excluem intermediários e, consequentemente, menores preços para os compradores, no entanto ela pode resultar em baixa eficiência, por exemplo, tradicionalmente o varejista adquire e dispõe mercadorias de vários produtores ou

---

[41] O processo de autorização de abastecimento é rigoroso. A ANP disponibiliza o Manual para Protocolo de Mídias Digitais, com as orientações necessárias para apresentação de documentação em CD-ROM ou DVD-ROM — O manual se aplica a todos os agentes do abastecimento abrangidos pela resolução ANP n°42, de 18/08/2011, publicada no D.O.U. de 19/08/2011.

atacadistas e se e ele for suprimido, o consumidor terá de encontrar essas mercadorias em múltiplos fornecedores.

Este novo cenário do mundo dos negócios revela que o atendimento ao cliente nunca foi tão desafiante e há a tendência do aumento geométrico das exigências: isso pode ser resumido na frase "inove o atendimento ou morra" — o verbete "atendimento" tem, aqui, sentido amplo, isto é, desde a criação do projeto de um bem, passando por sua produção, por sua comercialização e concluindo com as ações do pós-atendimento (pós-vendas).

Neste novo ambiente de negócios eletrônicos, a humanidade passou a lidar com siglas outrora desconhecidas, cujas grafias basicamente iniciam com as letras b, c, e, g.

- B2B: *business-to-business* (de empresa para empresa: comércio realizado via Internet entre empresas);
- B2C: *business-to-consumer* (de empresa para consumidor: comércio realizado via Internet entre empresa e consumidor);
- B2G: *business-to-government* (de empresa para governo: comércio realizado via Internet entre empresa e organização pública);
- C2C: *consumer-to-consumer* (de consumidor para consumidor: transação conduzida por Internet entre consumidores);
- *e-business* (negócio eletrônico);
- *e-commerce* (comércio eletrônico);
- *e-love* (amor eletrônico: nossa invenção);
- *e-mail* (correio eletrônico);
- *e-Marketing* (mercado eletrônico);
- ERP: *enterprise relationship management* (gestão de relacionamento corporativo);
- *Extranet*: rede de computadores que utiliza a Internet para compartilhar informação com segurança;
- G2C: *government-to-consumer* (de governo para consumidor: transação realizada via Internet entre organização pública e consumidor);
- G2G: *government-to-government* (de governo para governo: transação realizada via Internet entre organizações públicas);
- *Viral marketing* (marketing viral): método de promoção de produto que se baseia em influenciar clientes a disseminarem uma ideia ou produto por conta própria, contando a seus amigos sobre isso por meios eletrônicos, como WhatsApp, Messenger, e-mail, Facebook etc.
- WWW (*World Wide Web*): rede mundial de computadores.

5.3 Modelos de Operacionalização de Negócios na Internet

Modelo de negócio consiste em um plano estratégico por meio do qual a organização

- adquire, organiza e usa recursos, para entregar valor ao seu público-alvo em forma de bens;
- gera receita e lucro;
- obtém vantagem competitiva que a permite sobreviver e prosperar.

Os mercados físico e eletrônico são compostos por venda e compra. Em termos de venda (*sell-side*), as organizações dirigem o mercado oferecendo bens a preços, prazos de entrega, condições de pagamento e afins, segundo suas conveniências recomendando-se, no entanto, que as conveniências sejam estabelecidas a partir de coleta de informações sobre o interesse do público-alvo, das atitudes concorrenciais, das políticas governamentais e de outras variáveis que interferem no ambiente de negócios. No que concerne à aquisição (*buy-side*), as organizações dirigem o mercado realizando pesquisas ou cotações contendo elementos, como preços que estão dispostas a pagar para certas quantidades de bens e outras variáveis similares às descritas no papel de suprimento. Há organizações, no entanto, que utilizam a Internet, mas não realizam transações de compra ou venda, isto é, suas atividades consistem em facilitar às pessoas e organizações em suas transações comerciais ou pessoais — exemplos: www.mercadolivre.com.br, airbnb.com.br.

Tabela 5.1 — Modelos de negócios na Internet[42]

Modelo	Exemplos de fontes de receita
Publicidade	Publicidade contextual, CPC, CPM, segmentação de anúncios.
Afiliação	Participação nos resultados, CPA, honorários por desenvolvimento de mercado, geração da própria receita.
Comercialização	Venda a varejo, agregação de valor, leilão.
Comunidade	Compartilhamento, assinatura, serviço.
Infomedia	Redes de publicidade, marketing de incentivo, redes sociais.
Manufatura	Compra, arrendamento, licenciamento, suporte pago, certificação.
Subscrição	Renovações recorrentes, medição de uso, complementos.

---

[42] Adaptada de Creative Commons — *Internet business models*. Disponível em: <https://dionhinchcliffe.files.wordpress.com/2016/06/Internet_business_models_2016.png>. Acesso em: 14 set. 2018.

As siglas acima grafadas correspondem a[43]:

CPC (*cost-per-click*) — opção de publicidade que exige dos anunciantes o pagamento ao editor, toda vez que um *click* válido é feito em seu anúncio específico. Os anúncios de CPC podem ser encontrados nos formatos de mídia contextual e "mídia rica", nos quais os anúncios mais eficazes geralmente apresentam algum tipo de apelo à ação.

CPM (*cost-per-mile*) — um formato de publicidade que exige dos anunciantes o pagamento ao editor de uma taxa definida para cada mil acionamentos que seu anúncio específico recebe. Os anúncios de CPM podem ser encontrados nos formatos de mídia contextual e "mídia rica", mas tradicionalmente são exibidos em formato mídia rica. A maioria dos programas de CPM exige que os editores tenham grandes volumes de tráfego antes da aprovação, pois os anúncios de CPM atendem melhor a um público amplo.

CPA (*cost-per-action*) — formato de publicidade que exige dos anunciantes o pagamento de uma comissão aos editores que apresentam novos clientes pagantes, por meio de publicidade em banner ou link. Não há uma taxa fixa para publicidade CPA, uma vez que só é paga quando alguém clica no anúncio e compra um produto ou serviço. Os valores de comissão variam frequentemente de acordo com o tamanho da compra.

Infomedia ou *infomercials* — veiculação de publicidade em páginas da Internet, telefone móvel, tablet, e-mail e afins.

Visando simplificar a análise dos modelos de negócio grafados na Tabela 5.1, os agruparemos em publicidade, subscrição, transação e afiliação e concluiremos esta seção comentando o uso de modelos híbridos.

5.3.1 O modelo de publicidade

Nos moldes deste modelo, os anunciantes remuneram os editores a partir dos anúncios que estes editam, ou seja, os editores cobram os anúncios conforme quantidades, isto é, CPM (custo por milhar), CPC (custo por clicks) e CPA (custo por ações). Assim, o apreçamento na Internet difere do estabelecido nos veículos tradicionais de publicidade que precificam seus serviços de acordo com suas características, ou seja, a televisão e o rádio cobram por tempo, a mídia impressa (jornal, revista etc.) por espaço físico — as definições constam da seção "Explanação das siglas", no rodapé da Tabela 5.1.

---

[43] Fonte primária: TheTechReviewer — *Online advertising: CPM vs. CPC vs. CPA — What do they mean?* Disponível em: <https://thetechreviewer.com/tech-tips/online-advertising-cpm-cpc-cpa-what-mean/>. Acesso em: 14 set. 2018 (tradução deste autor).

A política de precificação varia de editor para editor, como exemplo, o Google Ads cobra por resultados — segundo o Google: "pague apenas pelos anúncios que dão resultados. Google Ads não cobra pela exibição de anúncios. Em vez disso, você será cobrado quando alguém interagir com seus anúncios, como assistir seu vídeo, ligar para o seu negócio ou visitar seu site. A definição de quanto investir fica em suas mãos. Quanto mais investir, maior o potencial de atrair novos clientes"[44].

A publicidade paga vem desapontando certa quantidade de anunciantes, no entanto, para muitas empresas ainda é uma forma significativa de ampliação de receita, se não primária. Por seu turno, o volume de organizações que aumentam suas expertises digitais está aumentando.

Exemplo: Pesquisa realizada com 1.900 empresas estabelecidas nos Estados Unidos e na União Europeia, permitiu ao Boston Consulting Group (BCG) concluir que a quantidade de "campeões digitais está diminuindo enquanto o número de retardatários está aumentando". O que isso significa? Significa que dia a dia a expertise digital está se popularizando e deixará de constituir vantagem competitiva para certas organizações, ao menos em termos digitais. Em termos específicos, "23% das empresas pesquisadas são campeãs digitais, enquanto cerca de um terço (32%) estão atrasadas. Em comparação com um estudo semelhante realizado no ano anterior, o número de retardatários aumentou, enquanto o número de campeões digitais e os do meio diminuíram". Ainda segundo essa divulgação, o BCG verificou em pesquisas anteriores que: 1) A maturidade digital propicia vantagem competitiva; 2) As lideranças digitais conquistam participação de mercado superior às organizações que não exercem liderança; 3) Os setores de tecnologia, telecomunicações e bancos lideram com os maiores percentuais de campeões digitais; 4) ...mais da metade dos campeões digitais investe mais de 5% das despesas operacionais em iniciativas digitais (um limiar fundamental)[45].

No que concerne à maturidade digital em plagas brasileiras, uma pesquisa constatou que parte dos dados coletados por empresas é desperdiçado[46], ou seja:

* 65% das organizações não conseguem analisar ou categorizar todos os dados de clientes que armazenam;

---

[44] Google Ads — *Controle o quanto investir. Disponível* em: <https://ads.google.com/intl/pt-BR_br/home/pricing/>. Acesso em: 20 set. 2018.

[45] The Boston Consulting Group — *Digital maturity drives superior performance.* Disponível em: <https://www.bcg.com/d/press/12june2018-digital-maturity-drives-superior-performance-194501>. Acesso em: 14 set. 2018.

[46] Business Wire — *Empresas coletam muito mais dados do que podem controlar, revela Gemalto.* Disponível em: <https://www.businesswire.com/news/home/20180709005095/pt/>. Acesso em: 13 set. 2018.

- 68% dos profissionais de TI acreditam que suas organizações estão falhando em realizar todos os procedimentos para estar em conformidade com as leis de proteção de dados;
- Apenas 54% das empresas sabem onde todos seus dados sensíveis estão armazenados.

5.3.2 O modelo de subscrição

Neste modelo, um site oferece aos seus usuários conteúdo ou serviço e cobra uma taxa pelo uso — a taxa de inscrição geralmente é fixa e por determinado período: por mês, trimestre, semestre ou ano. Por exemplo, o site uolhost.com.br oferece aplicativos de criação de sites, hospedagem de sites, loja virtual e *cloud computing* mediante pagamentos periódicos.

A sobrevivência da organização que adota o modelo de subscrição depende dos fatores de atratividade, ou seja, preço acessível, constante agregação de valor, alta qualidade, singularidade e de difícil imitação em termos do conteúdo e serviço — a gestão eficiente desses fatores tende a levar os assinantes a renovarem recorrentemente seus contratos.

5.3.3 O modelo de transação

Neste modelo, a empresa proprietária do site cobra uma taxa para habilitar ou conduzir transação entre um fornecedor e um adquirente (ambos não laboram para a empresa proprietária do site). A taxa de transação é frequentemente vinculada de alguma forma ao valor da transação geral. Normalmente, a taxa de transação consiste em:

- Uma porcentagem especifica do valor da transação. Por exemplo, certas empresas de aplicativos de mobilidade urbana cobram determinada taxa do motorista cadastrado ao transportar passageiros — em julho de 2018 a 99 efetivou a redução da taxa cobrada dos motoristas do município do Rio de Janeiro de 16,99% para 12,99%[47]. Por seu turno, até junho de 2018 a UBER cobrava de forma semelhante, ou seja, 25% para UBER X e 20% para UBER BLACK. No entanto, no início de julho de 2018 a UBER passou a cobrar um valor que varia conforme o tempo e a distância percorrida, ou seja, conforme item grafado em seguida[48].

---

[47] Globo.com — *99 reduz taxa cobrada de motorista por corrida no Rio de Janeiro*. Disponível em: < https://extra.globo.com/noticias/economia/99-reduz-taxa-cobrada-de-motorista-por-corrida-no-rio-de-janeiro-22846877.html>. Acesso em: 14 set. 2018.

[48] Tecmundo — *Uber passa a cobrar taxa dinâmica dos motoristas no Brasil*. Disponível em: <https://www.tecmundo.com.br/mobilidade-urbana-smart-cities/131845-uber-passa-cobrar-taxa-dinamica-motoristas-brasil.htm>. Acesso em: 14 set. 2018.

- Uma escala graduada (ou escalas) de taxas, que pode ser baseada na natureza da transação, no que é transacionado, no valor da transação. Por exemplo, ao acessar o site www.ebay.com, o internauta encontrará uma figura que imita um cartão de crédito, em seguida a expressão *Safe Money* (Dinheiro Seguro) e a seguinte frase: "Abra este site no Navegador protegido para proteger suas transações financeiras contra criminosos". Em seguida, há duas portas de entrada que permitem escolha: "Continuar no navegador protegido", "Continuar sem proteção". Ao optar por navegar com proteção o usuário "permite" ao site cobrar da organização fornecedora de bens (vendedora) a taxa de transação.

5.3.4 O modelo de afiliação

A empresa que usa o modelo de receita de afiliação "sugere" compras ao internauta em empresas parceiras (vendedoras ou fornecedoras de bens), a partir de cliques em seu próprio site que, posteriormente, são direcionados aos sites das empresas parceiras. Por essa atividade, a empresa *host* (anfitriã) fatura de acordo com uma das seguintes ações:

- a partir do click emitido pelo internauta para acessar o site da empresa afiliada, quer haja compra ou não;
- uma porcentagem do valor da compra realizada pelo usuário, ou;
- uma taxa fixa para cada compra;
- a partir de "venda casada" — condicionar a compra de um bem à aquisição de outro.

Exemplo de modelo de filiação: no site da Multiplus (www.pontosmultiplus.com.br) você encontra empresas afiliadas, como Ipiranga, Ponto Frio, Magazine Luiza, NETSHOES, Submarino e Americanas. Quando um visitante do site da Multiplus clica na logomarca de uma empresa afiliada (Ponto Frio, por exemplo) ele é encaminhado para uma página da própria Multiplus que emite uma publicidade (no caso: "JUNTE E TROQUE SEUS PONTOS MULTIPLUS NO PONTOFRIO.COM) e apresenta o link para acesso à empresa afiliada (www.pontofrio.com.br/ofertasmultiplus). Ao clicar nesse link, o visitante é direcionado para o site da empresa e se ele comprar algo, a Multiplus obtém receita conforme os pontos adquiridos ou trocados.

Em realidade, parte das empresas utilizam vários modelos de obtenção de receitas, em vez de um único, assim os vários modelos não são mutuamente exclusivos. Por exemplo, uma empresa pode depender essencialmente do modelo de receita de transação, mas também carrega, em seu site, publicidade de outras empresas, cobrando delas certo valor.

5.4 Síntese do Capítulo

A Internet pode ser compreendida como um ambiente eletrônico de aproximação e intermediação, visto que permite pessoas e organizações realizar transações sem necessariamente estarem próximas ou atuando diretamente entre si. Ela possui múltiplas características, dentre elas: universalidade, atemporalidade, distributividade, agregação, socialização, econômica.

Há dois tipos principais de intermediações na Internet (diretórios e mecanismos de pesquisa) e dois tipos de portais: o horizontal e o vertical. Os horizontais são portais de propósito geral que tentam ser "tudo para todas as pessoas", oferecendo acesso a uma ampla variedade de destinos de conteúdo e comércio. Os verticais atuam como pontos de acesso a sites relacionados a um único tema, área funcional ou grupo de interesse.

Conquanto o ambiente de negócios eletrônicos caminha a passos largos e veio para ficar, estudos mostram que a sua implantação e desenvolvimento não podem ignorar a cultura existente na organização.

Uma das mudanças significativas promovidas pela Internet concerne a eliminação de um ou mais intermediários, isto é, certos produtores excluem o atacadista e até o varejista da tradicional cadeia produtiva (produtor, atacadista, varejista, consumidor) e, semelhantemente, certos varejistas eliminam distribuidores. Em tese a desintermediação resulta em menores custos para os membros que excluem intermediários e, consequentemente, menores preços para os compradores, no entanto ela pode resultar em baixa eficiência, por exemplo, se o varejista for suprimido, o consumidor terá de encontrar essas mercadorias em múltiplos fornecedores.

Este novo cenário do mundo dos negócios revela que o atendimento ao cliente é um tema desafiante e atualmente a humanidade lida com siglas outrora desconhecidas, cujas grafias basicamente iniciam com as letras b, c, e, g, como exemplos: B2B (*business-to-business*); B2C (*business-to-consumer*); *e-commerce*; G2C (*government-to-consumer*).

Modelo de negócio consiste em um plano estratégico por meio do qual a organização: 1) adquire, organiza e usa recursos, para entregar valor ao seu público-alvo em forma de bens; 2) gera receita e lucro; 3) obtém vantagem competitiva que a permite sobreviver e prosperar.

Nos moldes do modelo de publicidade, os anunciantes remuneram os editores a partir dos anúncios que estes editam, ou seja, os editores cobram os anúncios conforme quantidades, isto é, CPM (custo por milhar), CPC (custo por clicks) e CPA (custo por ações). Assim, o apreçamento na Internet difere do estabelecido nos veículos tradicionais de publicidade que precificam seus serviços de acordo com suas características, ou seja, a televisão e o rádio cobram por tempo, a mídia impressa (jornal, revista etc.) por espaço físico.

A publicidade paga vem desapontando certa quantidade de anunciantes, no entanto, para muitas empresas ainda é uma forma significativa de ampliação de receita, se não primária. Por seu turno, o volume de organizações que aumentam suas expertises digitais está aumentando.

No modelo de subscrição, um site oferece aos seus usuários conteúdo ou serviço e cobra uma taxa pelo uso — a taxa de inscrição geralmente é fixa e por determinado período: por mês, trimestre, semestre ou ano.

A sobrevivência da organização que adota o modelo de subscrição depende dos fatores de atratividade, ou seja, preço acessível, constante agregação de valor, alta qualidade, singularidade e de difícil imitação em termos do conteúdo e serviço oferecidos — a gestão eficiente desses fatores tende a levar os assinantes a renovarem recorrentemente seus contratos.

No modelo de transação, a empresa proprietária do site cobra uma taxa para habilitar ou conduzir transação entre um fornecedor e um adquirente. A taxa de transação é frequentemente vinculada de alguma forma ao valor da transação geral. Normalmente, a taxa de transação consiste em: 1) uma porcentagem específica do valor da transação; 2) uma escala graduada (ou escalas) de taxas, que pode ser baseada na natureza da transação, no que é transacionado, no valor da transação.

A empresa que usa o modelo de receita de afiliação "sugere" compras ao internauta em empresas parceiras (vendedoras ou fornecedoras de bens), a partir de cliques em seu próprio site que, posteriormente, são direcionados aos sites das empresas parceiras.

5.5 Questões Para Estimular Debate e Assimilação de Conteúdo

1. Comente a definição de Internet emitida neste capítulo.
2. Cite e explique três características da Internet.
3. Quais são as principais formas de intermediação na Internet? Comente-as.
4. A Internet acelerou as desintermediações. O que isso significa?
5. Cite e comente quatro siglas que a Internet deu mais ênfase que anteriormente, no ambiente de negócios.
6. Comente a definição de modelos de negócio emitida neste capítulo.
7. Quais são os modelos de negócios analisados neste capítulo? Comente dois deles.

PARTE B. Atendendo

Capítulo 6
Operacionalização do Atendimento Primoroso

6.1 Objetivo do Capítulo

Apresentar e discutir conceitos, técnicas e recomendações para atendentes, visando contribuir com o aprofundamento da compreensão das etapas do atendimento, do atendimento por comércio eletrônico, do compartilhamento da liderança no atendimento, do tratamento das questões adjacentes ao atendimento e com o desenvolvimento das próprias atitudes de atendimento.

6.2 Introdução do Atendimento

Os fundamentos mercadológicos estão fortemente associados ao atendimento, ou seja, o atendimento está presente em todas atividades do marketing. Em outras palavras, cada membro de uma organização realiza, diretamente ou indiretamente, atividades que se destinam ao público que ela serve, isto é, aos adquirentes intermediários ou finais de bens tangíveis ou intangíveis que a organização produz. De forma mais abrangente, o atendimento faz parte do cotidiano de todos os seres humanos e das demais espécies, visto que em um ambiente social cada ser interage com outros e as interações acontecem apenas quando há ações recíprocas, em outras palavras: atendimento.

Para sobreviver e prosperar em um mercado cada vez mais competitivo a organização necessita definir claramente o conjunto de pessoas ou organizações que quer servir, produzir e entregar valor distintivo a esse público, a um preço acessível e que possibilite lucratividade atrativa. Transformando essa afirmação em perguntas:

- O segmento que a empresa serve está adequadamente caracterizado?
- A oferta da empresa é distintiva? O público-alvo a valoriza?
- O preço definido é competitivo, mediante o valor oferecido?
- As fontes de receita são confiáveis e adequadas para cobrir os custos?

Em outras palavras, os resultados de uma empresa dependem de satisfação de fatores, como:

- *inovação* — determina a sobrevivência e prosperidade;
- *velocidade* — contribui com a obtenção de vantagem competitiva;
- *promoção* — impulsiona vendas;

- *alto desempenho* — atrai novos clientes e mantém os atuais;
- *atendimento aos requisitos do cliente* — assegura o propósito de estar a serviço do público-alvo;
- *disponibilidade e entrega rápida de bens* — garante a reputação do atendimento;
- *segurança nas operações* — evita lesões corporais, financeiras e morais;
- *reserva financeira* — dá o suporte necessário para gerenciar as contas, especialmente em períodos de "vacas magras";
- *lucratividade* — certifica o sucesso de um modelo de negócio.

Há de se considerar que se uma empresa não é lucrativa hoje não significa que ela tem um modelo de negócio inadequado. Semelhantemente, uma empresa que atualmente é lucrativa não significa que seu modelo está adequado ou perfeito. Quer em uma ou em outra situação, a empresa pode estar operando em um estágio de transição e o que se leva em conta, portanto, é a sua potencialidade. Em outras palavras, o atual estágio da lucratividade é semelhante a uma fotografia, isto é, reproduz o momento, não o potencial que, por seu turno, é produto do modelo de negócio que a organização adota.

Lucratividade: consiste, metaforicamente, na certificação do sucesso de um modelo de negócio.

Potencial de lucratividade: resulta do modelo de negócio que a organização adota.

Neste diapasão, dentre as notas da escala musical que afinam o presente e o futuro da organização está, essencialmente, seu valor, ou seja, ser capaz de atender aos fatores acima apontados, assim ela irá obter reputação positiva, fator fundamental à sobrevivência e à prosperidade.

Muitas empresas que operam no mercado de bens ainda são jovens e nunca tiveram lucro, assim, pergunta-se: como distinguir as organizações jovens com bons potenciais de negócio das demais? Uma das formas consiste em identificar se estão presentes os fatores que podem levá-las ao crescimento da receita.

Segundo diversos estudiosos, os seguintes fatores presentes tendem a indicar o desempenho porvir:

- quantidade atual de clientes;
- taxa de rotatividade de clientes;
- custo para adquirir novos clientes;
- margem de contribuição por venda, ou seja, o preço de venda do produto menos o custo para efetuar a venda;
- receitas que complementam as do negócio principal.

A forma como uma organização atende a adquirentes pode facilitar, dificultar ou impedir a transação de um bem. Quem discorda dessa afirmação, assista, reveja ou relembre o filme Pretty Woman (Uma Linda Mulher) em que Julia Roberts desempenhou o papel de compradora, visitando lojas de alta moda.

Figura 6.1 – Imagem do filme *Pretty Woman*

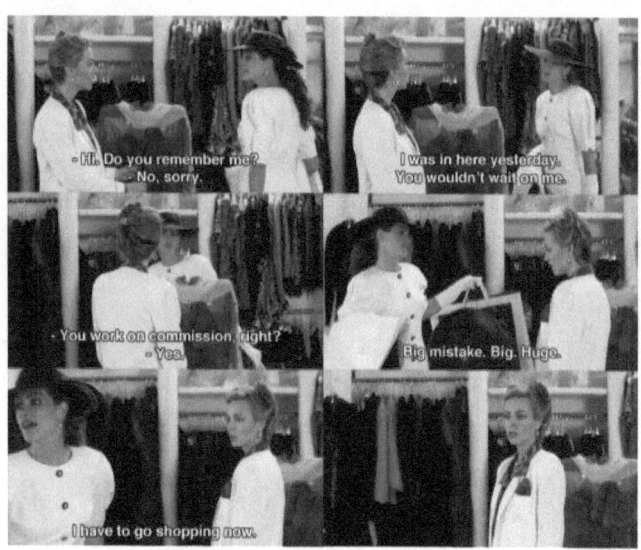

Fonte: PINTEREST. *Let's go to the movies*. Disponível em: < http://lets-go-to-the-movies.tumblr.com/tagged/Pretty+Woman/page/2>. Acesso em: 21 set. 2018.

Nas cenas concernentes às primeiras tentativas de aquisição, a compradora foi menosprezada porque trajava vestuário não compatível com os clientes dessas lojas, isto é, as atendentes não lhe deram atenção, melhor, sequer a notavam. Na segunda ocasião, entretanto, quando estava acompanhada de um empreendedor — papel desempenhado por Richard Gere — os atendimentos foram impecáveis.

Cenas como essas não são incomuns no cotidiano do atendimento em lojas de varejo. Há atendentes que avaliam o poder de compra da pessoa pelo vestuário que ela está usando no momento em que entra no estabelecimento comercial, principalmente em lojas de alta moda. E o atendimento segue a impressão.

A aparência do interessado em aquisições pode estar ou não em sintonia com seu poder de compra. Agindo de forma discriminativa, atendentes perdem vendas e, pior, virtuais clientes. Excluindo-se as pessoas que acessam um estabelecimento comercial por mera curiosidade ou "turismo", as demais, independentemente dos trajes que usam, estão interessadas em compras: são adquirentes em potencial.

6.3 Etapas do Processo de Atendimento

Além de não serem prisioneiros de "bola de cristal" ou de "magia do atendimento", profissionais eficientes desenvolvem um ritual real adequado ao processo de atendimento, ou seja, desenvolvem as seguintes ações:

- estabelecem recepção cordial à pessoa atendida;
- sondam as suas necessidades e interesses;
- apontam soluções que podem satisfazer a essas necessidades e interesses;
- concluem a transação quando verificam que a pessoa atendida está convicta quanto à aquisição e satisfeita com o atendimento e, tempo depois;
- verificam a satisfação da pessoa com os bens que adquiriu, as suas necessidades de novos bens e praticam outras ações pertinentes e tempestivas (pós-atendimento ou pós-transação).

Em síntese, o processo do atendimento consiste na realização de etapas consecutivas — sujeitas a retroações — em que uma pessoa recebe outra, apresenta soluções, ambas concluem essa transação e, tempo depois, a atendente verifica a satisfação da pessoa atendida e realiza outras ações necessárias.

Processo de atendimento: etapas que consistem na satisfação de necessidades e desejos, em especial da pessoa atendida.

6.3.1 Recepção do adquirente

Aproximar-se do interessado quando ele acessa ao estabelecimento exige sabedoria e disposição. Há interessados que preferem ficar à vontade e outros preferem o apoio de um atendente. O tom da resposta à tradicional pergunta de aproximação — Como posso ajudá-lo?[49] — emite sinais do grau de interesse do visitante e do tempo de acompanhamento necessário. Se a pessoa disser que está apenas "dando uma olhadinha", coloque-se à disposição e a deixe à vontade: não insista! Mas, não desapareça, pois há adquirente que dá essa resposta para ficar à vontade enquanto observa os produtos disponíveis, mas quando identifica um ou mais que a/o agrada, deseja ser auxiliado. Se a pessoa responder que precisa de auxílio (eu estou procurando..., eu estou precisando de..., eu gostaria de...) continue o atendimento.

---

[49] Parte dos atendentes emitem a seguinte pergunta: "Posso ajudá-lo?". Essa pergunta admite duas respostas: "sim" ou "não". Resposta negativa encerra o atendimento. Portanto, melhor perguntar: "Como posso ajudá-lo?". Essa frase oportuniza um enorme leque de respostas e a continuidade do atendimento.

O campo de interação e confiança no atendimento é estabelecido na fase de recepção. Para tanto, recomenda-se um relacionamento pessoal mais do que comercial, em virtude de que a formalidade pode gerar distanciamento e dificultar o restante do processo — a famosa regra da individualidade vale, também, para essa recomendação: os gostos sobre os graus de informalidade e pessoalidade diferem de indivíduo para indivíduo. Assim, a capacidade de perceber a preferência alheia é essencial.

> *Fase de recepção do adquirente*: momento em que o campo de interação e de confiança é estabelecido e tem o objetivo de criar um clima favorável ao atendimento.

As seguintes ações são recomendadas para recepcionar adquirentes: sorrir de forma descontraída; dizer ótimo dia, de forma animada; perguntar se a pessoa está bem (tudo bem?), e como auxiliá-la; oferecer um assento confortável, se for o caso e se houver; servir algo para beber, como café, chá, suco, água, bem como um canapé ou outra iguaria, e; manter distância física adequada ao gosto do interlocutor — caso a/o atendente conheça a família ou amigos da pessoa em atendimento e sabe que ela aprecia dar e receber notícias sobre eles, é de bom alvitre perguntar como eles estão. No entanto, como a recepção tem o objetivo de criar "o clima" o tempo a ela dedicado não pode reduzir o tempo dedicado às demais fases, especialmente para não atropelar as fases de sondagem de interesse e apresentação de produtos. Contrariamente, a conversa tenderá a ser agradável, mas o objetivo de transação poderá ser frustrado.

6.3.2 Sondagem de interesse

Esta fase é estabelecida para identificar o perfil de interesse da pessoa atendida por determinado bem. Quanto mais a/o atendente souber sobre o que ela quer, mais será capaz de oferecer bens adequados. Por isso, a atitude e o uso do tempo dedicados a esta fase são cruciais ao alcance do objetivo (transação bem-sucedida).

> *Fase de sondagem de interesse*: momento em que se identifica o perfil de interesse por determinado bem.

O teor e a quantidade de indagações que se faz às pessoas interessadas em aquisições dependem do tipo de produto e da pessoa em atendimento.

Exemplos: (a) se o produto desejado for um automóvel, indaga-se à pessoa interessada o que ela deseja em termos de design, segurança, consumo, desempenho, capacidade para acomodar passageiros, tipos de combustíveis, cor, acessórios, prazo para entrega, preço, prazo e forma para pagamento, tempo de garantia e, procedimentos de revisão; (b) se o produto de interesse consiste em uma roupa, indaga-se itens, como medida, cor, matiz, textura e estampa.

Os exemplos acima grafados elucidam que cada tipo de produto exige perguntas peculiares e certa quantidade de perguntas. No entanto, parece que recomendações como essas não são seguidas por muitos atendentes — confira isso em suas futuras compras. Há de se considerar, também, o perfil da pessoa em atendimento, em especial em termos dos conhecimentos que ela possui sobre o produto e o volume de informações que deseja.

6.3.3 Apresentação de solução

Nesta etapa do processo quem atende explica à pessoa atendida as soluções disponíveis ao atendimento das necessidades e desejos identificados.

Fase de apresentação de soluções: momento em que quem atende explica à pessoa atendida as soluções disponíveis ao atendimento das necessidades e desejos identificados.

Exemplo de elementos que podem solucionar a necessidade e o desejo de um bem e de seus consectários: características do produto (composição física, design, modo de operar etc.), serviços agregados (instalação, assistência ao uso etc.), benefícios esperados, previsão da entrega, garantia emitida pelo fabricante, garantia estendida pelo revendedor, política de devolução, preço, forma e prazo para pagamento.

O atendimento eficaz ultrapassa a indicação de soluções, isto é, caso a pessoa atendida escolha um bem com base em seu desejo em vez de em sua necessidade, é mister explicar os riscos da escolha.

Diferença entre necessidade e desejo: em síntese, necessidade é algo indispensável e desejo significa a vontade de ter. Utilizando o exemplo da compra de um automóvel, se, por questão de vaidade, um adquirente desejar um carro esportivo, ele poderá realizar compra inadequada se o carro dispuser de quantidade insuficiente de assentos para as suas necessidades, ou seja, para o transporte cotidiano de sua família.

Há atendentes que querem convencer as pessoas que atendem superestimando os benefícios das soluções disponíveis, com isso criam expectativas que podem frustrá-las e, por isso, correm o risco de perder clientes. Vale a velha máxima: "é melhor perder uma venda do que o cliente".

6.3.4 Conclusão da transação

Visando concluir a transação rapidamente, determinados atendentes sentem-se tentados e cedem à tentação de induzir o atendido à compra com as seguintes palavras: "se a escolha fosse minha eu levaria este produto". Primeiramente, o que atende às necessidades e desejos de alguém pode não satisfazer às de outrem. Segundamente, se o atendido ficar frustrado com o produto, consciente ou inconscientemente ele poderá ficar ressentido com quem o induziu à escolha. Finalmente, o papel de um atendente é orientar e solucionar dúvidas sobre as características dos bens e os benefícios esperados, mas o direito à escolha não é dele, mas de quem compra, sempre. Por outro lado, se o interessado pedir a sua opinião sobre determinado produto, nada impede e é de bom alvitre opinar em termos semelhantes, como exemplo: "este produto atenderia ao meu interesse e possibilidade financeira, mas como gosto é coisa íntima, não se influencie com minha suposta escolha". Procedendo assim, o atendente estará concedendo um parecer ao solicitante, de forma educada e realista, para uma situação hipotética.

Antes de concluir a transação, a/o atendente verifica se a pessoa atendida está convicta quanto à virtual aquisição e satisfeita com o atendimento, ou seja, quando as objeções, ansiedades e incertezas estiverem superadas, as partes tendem a estar satisfeitas e, assim, é o momento de fechar o negócio.

> *Fase de conclusão da transação*: momento em que se verifica se as objeções, ansiedades e incertezas foram superadas, soluciona-se o que for necessário, e formaliza-se a transação.

A transação eficaz exige o atendimento dos interesses das partes, mormente às de quem paga pelo bem. Certificar-se disso é essencial para iniciar ou manter a conquista do cliente. Em outros termos, a conquista do cliente começa com encerramento de transação bem-sucedida.

Dentre as formas de certificação do grau final de satisfação dos envolvidos no processo de transação, há duas cuja investigação tende a ampliar o grau de conhecimento de quem as pratica: observar as expressões corporais, especialmente a facial — elas produzem indícios que podem ser imediatamente captados e; por meio de perguntas objetivas, por exemplo: "você está plenamente satisfeita com a transação?".

Visto que esta etapa consiste no derradeiro momento de realizar uma transação satisfatória; havendo insatisfação é salutar o retorno à que demonstre possibilidade de gerar satisfação, em especial à fase de sondagem de interesses ou à fase de apresentação de soluções.

6.3.5 Relacionamento pós-transação

Determinado tempo após a transação é recomendável saber a satisfação da pessoa com o bem que adquiriu, as suas necessidades de novos bens e praticar outras ações pertinentes.

Fase de relacionamento pós-transação: momento em que se verifica a satisfação da pessoa atendida com o bem adquirido, as suas atuais necessidades e desejos e outras ações pertinentes.

Diversas empresas de diversos setores não coletam informações com os adquirentes de seus produtos. Por exemplo, algum dia algum fabricante ou revendedor perguntou se você ficou satisfeita com algum eletrodoméstico, vestuário ou produto alimentício que adquiriu? Por outro lado, diversas empresas de apoio a vendas por Internet enviam perguntas ao adquirente, logo após encerrada a transação, para verificar sua satisfação com o processo de compra e empresas que fabricam e comercializam softwares enviam perguntas tempo depois — para saber sobre a satisfação com o uso do produto. Por exemplo, neste momento, o Windows — produto Microsoft — está apresentando a seguinte mensagem: "Qual é a probabilidade de você recomendar sua assinatura do Office 365 Home para um amigo ou colega?".

Fabricantes de determinados bens — por exemplo eletrodoméstico — podem acessar indiretamente o grau de satisfação do consumidor por meio de pesquisas com assistências técnicas, em especial as autorizadas. No entanto, esse tipo de levantamento disponibiliza apenas os problemas verificados com os produtos para os quais as assistências foram solicitadas, especialmente no período de garantia. Adicionalmente, a não ocorrência de defeitos não garante, necessariamente, que o usuário esteja satisfeito com o desempenho do produto. Assim, recomenda-se conduzir pesquisas por mala-direta.

Recomenda-se que o relacionamento com o cliente, no período pós-venda, vá além da atenção dada ao produto. Pode-se, por exemplo, manter contato em datas comemorativas, como aniversário natalino e aniversário da aquisição do bem.

6.4 Aplicabilidade das Etapas do Processo de Atendimento

As etapas do processo de atendimento são aplicáveis a qualquer tipo de setor da economia (primário, secundário ou terciário) ou a qualquer segmento específico de algum setor, como exemplos: pecuária, no setor primário; produção de máquinas e equipamentos, no setor secundário, e; serviços, no setor terciário. Por óbvio, cada segmento e cada célula de segmento tem a sua própria cultura, ou seja, seu jeito de fazer as coisas, assim o atendimento e suas fases são desenvolvidos conforme cada modo de ser.

Seria quase sobre-humano exemplificar as fases do atendimento para cada célula, no entanto, visando comprovar suas aplicabilidades em diferentes células, seguem três exemplos em células distintas, ou seja, uma enquadrada no comércio e outra no serviço.

6.4.1 Exemplo de prática do atendimento em uma loja comercial física

Desejando comprar um conjunto de sofás, uma compradora entrou em uma loja de móveis. Imediatamente, a atendente se aproximou e disse:

— Ótimo dia, tudo bem?

— Tudo ótimo! — respondeu a compradora.

— Você e sua família estão bem?

— Graças a Deus, estamos bem.

E o diálogo prossegue com a fala de Atendente:

— Está calor, não? Você aceita água mineral geladinha?

— Não, obrigada.

— Mas você vai aceitar uma barra de chocolate!

— Sim, amo chocolate!

— Como posso ajudá-la?

— Eu quero comprar um sofá da marca...

— De quantos lugares?

— Eu gostaria de comprar um conjunto para a minha nova casa. Agora estou morando em frente à represa.

— Hum! "Gente chique é outra coisa"! Qual é o formato e a dimensão da sala...

Até este momento, a atendente realizou as fases de recepção (acolhedora) e de sondagem de interesse. Em seguida, ela inicia o processo de apresentação de produtos.

— A marca que você mencionou não está mais sendo comercializada, pois a fábrica fechou. Em realidade, os sofás que ela produzia tinham estilos modernos, mas eles apresentavam defeito... Vou mostrar alguns sofás de uma empresa cujas marcas estão "arrasando"! Olhe este conjunto: as unidades apresentam design moderno, estruturas fortes e o conjunto é compatível com as dimensões da sala de sua casa. Gostou?

— Sim! O conjunto é disponibilizado em outras cores?

— Mais uma perguntinha: qual é a cor predominante no ambiente de sua sala: móveis, paredes etc.

Imediatamente, a compradora mostra fotos de sua sala, constantes de seu telefone celular.

— Que sala linda! Dispomos de um conjunto que parece ter sido confeccionado exclusivamente para a sua sala. Venha verificá-lo...

— Lindo, lindíssimo! Concordo com a sua opinião. Qual é o preço?

— Como se trata de lançamento promocional, ele está com um preço muito, muitíssimo inferior aos de sua categoria, ou seja, custa apenas...

— O conjunto é realmente lindo, mas eu disponho de um montante inferior...

— Não se preocupe! Pensando em pessoas especiais como você, nós estabelecemos uma política de facilitação de pagamento em que...

— Desculpe-me se estiver sendo sincera demais, mas algumas lojas dizem que não cobram juros em pagamentos parcelados e em realidade os juros estão embutidos nas mensalidades. Isso eu percebi em uma compra em loja que concorre com a sua, isto é, no momento em que eu propus pagar a compra à vista eles me concederam um "desconto" significativo.

— Lamentavelmente, algumas empresas tentam ludibriar os clientes com propagandas enganosas. O que eu estou propondo para você significa redução de lucro para a loja, visando facilitar a sua aquisição.

Como se nota, nesta fase houve um retorno à fase de sondagem de interesses, pois a atendente não havia explorado a forma de pagamento, antes de anunciar o preço — isso acontece com frequência e não significa atendimento ineficiente, ao contrário, um mérito de retorno quando a situação exige. O processo de atendimento segue com proposições de opções e alternativas.

Em certo momento, a compradora decide por um conjunto, porém, antes de processar a compra, a atendente verifica se a compradora está convicta quanto à virtual aquisição e satisfeita com o atendimento — antes de concluir a transação recomenda-se a quem atende verificar se a pessoa em atendimento está convicta de sua aquisição, pois se ela levar um produto que lhe causará arrependimento, pode restar o sentimento de que não foi bem atendida ou, de maneira mais contundente, forçada a comprar aquele produto.

Tendo-se em vista que a compradora mora no mesmo município que a atendente, isso facilita o cumprimento da fase de pós-venda, tanto em termos de conhecimento da satisfação com o produto, como em termos de execução de outras ações, como exemplo, a atendente pode convidar a compradora para visitar a loja e degustar mais um chocolate, tomar um chazinho, conhecer novos produtos ou simplesmente para um cumprimento cordial.

6.4.2 Exemplo de prática do atendimento em lojas eletrônicas

Depois que se inventou a Internet, as organizações passaram oferecer boa parte de seus produtos em lojas eletrônicas e boa parte das pessoas atendeu a essa forma de comercializar.

Exemplo: uma investigação conduzida nos Estados Unidos descobriu que 38% dos compradores compram tanto em loja física quanto por Internet; compras feitas exclusivamente em lojas físicas somam 20%, cuja percentagem tende a reduzir; a Geração Y realiza 54% de suas compras on-line e; quatro em cada dez transações são realizadas a partir de pesquisa em apenas um canal digital[50].

Diante dessas descobertas, os pesquisadores concluíram que cresce cotidianamente a quantidade de compradores que utiliza o ambiente digital e a dos que usam múltiplos canais de compra. Em termos específicos, o ambiente de compra está mudando da loja física para o computador de mesa, para o notebook, para o smartphone e para o tablet, sendo que os usos do smartphone e do tablet são os que mais crescem.

Nesse diapasão, a escala musical da rede mundial de computadores indica que um dos desafios que as organizações encontram consiste no estabelecimento de um ambiente digital de atendimento que não seja muito diferente do que o usuário experimenta nas etapas do atendimento presencial (recepção, sondagem de interesses, apresentação de produtos, tratamento de dúvidas, conclusão da transação), ou seja, o atendente cumpre essas etapas durante a presença do comprador em loja física e ao sistema digital incumbe a tarefa de reduzir o efeito da ausência do atendente. Há, no entanto, um conjunto de ações praticadas em cada etapa do atendimento presencial, impossível ao sistema eletrônico, como exemplo, a recepção presencial consiste em certas ações ou sensações, como aperto de mãos, sorriso, oferta de algo para beber ou comer, percepção de aromas, análise de tom de voz etc. Ressalte-se, no entanto, que no ambiente eletrônico o comprador tem mais facilidade de "escapar" do atendimento do que no presencial, ou seja, após consultar o site de uma empresa ele pode livremente consultar outros e, se encontrar oferta melhor, tende a realizar a transação com a empresa alheia — alguns sites emitem apelos, como: "espere aí, você pode.... ".

Certa quantidade de empresas vende seus produtos a preços inferiores para compras realizadas em seus sites em comparação com os preços determinados para compras efetuadas presencialmente, visto que os custos de construção e manutenção do sistema são inferiores aos que dizem respeito ao sistema de atendimento presencial, em especial no que concerne ao custo da mão de obra. No entanto, há de se destacar que o atendimento pessoal tende a ser mais eficiente do que o não presencial, por exemplo, no atendimento pessoal a/o atendente pode auxiliar o comprador que está em dúvida, ou ansioso, a partir da observação de suas expressões corporais, cuja observação e consequente auxílio não são

---

[50] UPS Pulse of the Online Shopper Whitepaper — *Tech-savvy shoppers transforming retail*. Disponível em: <https://solvers.ups.com/assets/2016_ups_pulse_of_the_online_shopper.pdf>. Acesso em: 13 ago. 2016.

possíveis no atendimento não presencial. Por essas razões a formação de preços exige um estudo minucioso dos prós e contras existentes em ambos os ambientes.

O comércio eletrônico mudou o cenário interno das lojas físicas, isto é, em determinadas lojas nota-se a presença de poucos compradores na maior parte do tempo de seu funcionamento, mas as vendas por Internet são suficientes para mantê-las operando — talvez mais do que determinados concorrentes diretos que atendem apenas em lojas físicas.

O leiaute do ambiente virtual é de suma importância, ou seja, o navegante quer identificar rapidamente os produtos e analisar suas características, preços, formas e condições de pagamentos, prazo de entrega e efetuar a compra.

Para auxiliar o comprador, certa empresa que reproduz mídias (CD e DVD) e respectivas embalagens, grafa respostas para perguntas, por exemplo: Como enviar a arte e o conteúdo do material a ser reproduzido? A mídia está inclusa no preço? Há adequação da arte enviada ao seu gabarito? A qualidade do material reproduzido é igual ao do CD/DVD original?

Tabela 6.1 — Exemplo de orientação à navegação, constante do portal de uma empresa de tecnologia

Consulta de produtos   A consulta de produtos é feita através da navegação pelas categorias da nossa loja virtual, localizadas no menu lateral à esquerda da página. Basta clicar em uma categoria para exibir a lista de produtos. Cada produto possui uma Ficha Técnica com a foto, o código...
Preço e Estoque   Os produtos comercializados pela empresa apresentam preços que variam de acordo com a quantidade adquirida...
Promoção   Na página principal você encontrará o tópico Promoções com 3 kits de produtos [...]. Para incluir um kit em sua cesta de compra basta...
Carrinho de Compras — Seu Pedido   Um pedido é aberto automaticamente no momento em que você indicar uma quantidade e clicar no botão 'Carrinho", quando estiver consultando produtos...
CEP para entrega e formas de pagamento   Na página do pedido, além das informações sobre os itens incluídos, são exibidas também as formas de entrega e pagamento. Para consultá-las é necessário...
Ir para o Caixa   Para finalizar um pedido é necessário que você indique, na página do pedido, quais as formas de entrega e pagamento desejados para o fechamento da compra...
Verificação de Cadastro   Para o fechamento do pedido é necessário que você informe seus dados cadastrais. O sistema de nossa loja virtual é capaz de...
Fechamento do Pedido   Na última etapa do processo de compra é exibida a página de Fechamento do Pedido com todas as informações e instruções sobre entrega e pagamento de sua encomenda. Nesta página, você consulta os dados do pedido, discriminados...

A Tabela 6.1 mostra um exemplo de navegação em site da Internet. Orientações dessa natureza são importantes, no entanto, a disponibilização de serviços complementares de atendimento é indispensável, assim, muitas empresas disponibilizam atendimentos online e por telefone para sanar dúvidas, auxiliar as pessoas a finalizarem suas compras e afins.

Exemplo de atendimento em comércio eletrônico. A Mini Bee[51] é uma loja virtual que comercializa roupas e acessórios para bebês. A empresa construiu um belo site e atende a pedidos a partir de uma forma interessante, isto é, em vez de enviar uma ou outra peça à pessoa que telefonou, a Mini Bee entrega uma malinha com 50 peças permitindo, assim, um leque de opções. Considerando que certas entregas são realizadas em portarias de prédios — visto que há pessoas que não estão na residência no horário da entrega — a empresa envia um código de segurança à pessoa interessada, no dia anterior. Quarenta e oito horas depois, os produtos não adquiridos são retirados, o faturamento é processado e o total a pagar e a forma de pagamento são informados eletronicamente. A empresa conta com um programa social denominado *Bee Good* que consiste em arrecadar e doar itens para instituições de caridade. Para tanto, coloca uma bolsa na malinha, facilitando a coleta.

Um dos obstáculos que o comércio eletrônico encontra é a desconfiança ou insegurança que certas pessoas têm de efetuar compras nesse ambiente, pois há espertalhões que o utilizam para praticar atos criminosos como a venda de produtos inexistentes, roubo de informações cadastrais etc. Por isso, cotidianamente mais e mais empresas ampliam seus estudos de segurança da informação e procuram proteger seus sites e, por óbvio, oferecer um ambiente mais seguro aos compradores.

6.4.3 Exemplo de prática do atendimento em um escritório de advocacia

Necessitando de reparo de extinção indevida de pagamentos de verbas salariais, uma trabalhadora compareceu ao escritório Navarro e Martins Advogados. Ao acessar a recepção, prontamente a recepcionista indicou a sala de espera e disse que ela poderia se servir de água, café, chá, chocolate e biscoitos.

No momento do atendimento, a advogada perguntou como poderia ajudá-la. Assim, a trabalhadora mencionou a sua necessidade e a advogada emitiu uma série de perguntas, como exemplo, indagou o nome da empresa, o ramo de atividade, a localização, a data de admissão na empresa, e as extinções indevidas.

---

[51] Portal Mini Bee. Disponível em: <http://www.minibee.com.br/>. Acesso em: 02 set. 2018.

Quanto a última questão, a trabalhadora disse que a empresa deixou de pagar o adicional noturno e as horas extras de trabalho nos últimos 10 meses.

Diante do fato, a advogada explicou o trâmite de um processo na Justiça do Trabalho, tanto em termos de seu transcurso na primeira, como na segunda instância e a possibilidade de recurso ao Tribunal Superior do Trabalho (TST). Em seguida, explicou que em virtude da morosidade dos julgamentos de pleitos trabalhistas, seria melhor iniciar o processo com uma tentativa de acordo com a empresa e que caso essa iniciativa não prosperasse, seria estabelecida uma petição na primeira instância. Explicou, também, que o tempo para a realização de audiência varia de Vara para Vara e que se tivessem a sorte de o processo ser distribuído para a Vara X haveria a tendência de a audiência ser marcada para tempo mais breve do que a média do tempo habitual.

A advogada se dispôs a patrocinar o pleito sob a condição de um contrato de serviço em que a trabalhadora pagaria uma parte adiantada e o restante durante o trâmite do processo, no entanto, se a negociação direta com a empresa fosse bem-sucedida, o pagamento dos honorários restantes seria descontado do valor reparado. A trabalhadora disse que não teria condições de realizar qualquer adiantamento e perguntou se seria possível a formalização de um contrato de risco. A advogada informou que o escritório não trabalha com esse tipo de contrato e propôs a facilitar o adiantamento e a prorrogar as demais parcelas, com o que a trabalhadora concordou. Porém, antes de emitir o contrato e colher a assinatura da trabalhadora, a advogada fez uma revisão do diálogo e perguntou se a cliente estava feliz e certa quanto aos termos acordados. Verificada a compreensão plena e a satisfação com os termos, o contrato e o substabelecimento foram assinados.

A advogada deu início ao processo e por felicidade conseguiu convencer a empresa a reembolsar o montante dos descontos indevidos, mediante um acordo que seria assinado pelas partes litigantes. Em seguida, pediu à trabalhadora para comparecer ao escritório, entregou-lhe a diferença entre o montante recebido da empresa e os honorários combinados.

Meses depois, a secretária da Navarro e Martins Advogados telefonou para a cliente e perguntou se ela estava bem, se estava sendo tratada sem revanchismo e se restava alguma dúvida. Mediante a resposta de plena satisfação com a atual situação do vínculo empregatício, a secretária a convidou para passar no escritório para um cumprimento caloroso e para saborear aquela barra de chocolate orgânico que a cliente dissera haver amado.

O primeiro parágrafo deste caso indica uma recepção calorosa e isso contribuiu com a predisposição da trabalhadora em continuar com a mediação do escritório, após saber que sua proposta de contrato de risco não pôde ser aceita. O segundo parágrafo descreve a fase de sondagem das necessidades e dos desejos.

O terceiro parágrafo relata a fase de indicação das soluções que poderiam satisfazer às necessidades e os interesses da trabalhadora. O quarto parágrafo trata da fase conclusiva, com foco na negociação dos termos e na compreensão e satisfação da cliente quanto ao que se combinou. O último parágrafo consiste na fase de pós-atendimento, cujo termo se assemelha ao pós-venda, em transações de objetos comerciais.

6.5 Liderança no Processo de Atendimento

Determinados atendentes creem que para atender bem devem, sempre, conduzir todas as fases do atendimento falando muito, com descontração plena, permanecendo "colado" no atendido, enfim, impondo sua maneira de ser ou a maneira que aprendeu como correta. Nesse diapasão, muitos selecionadores assopram com o mesmo tom (desafinado): escolhem profissionais com esse perfil e não os orientam sobre a necessidade de lidar de formas diferentes com pessoas desiguais e em momentos distintos.

O respeito ao gosto do cliente é indispensável, tanto em termos do grau de liberdade concedido na escolha do bem, quanto do tempo de acompanhamento, da quantidade e tipo de perguntas efetuadas.

Não há uma receita infalível para liderar atendimentos, especialmente em virtude da necessidade de que é preciso entender que a arte do atendimento requer tratar pessoas desiguais de modos diferentes, isto é, cada pessoa tem seu próprio estilo e perfil de interesse. Requer, também, a habilidade de lidar com a mesma pessoa de modo distinto em diferentes ocasiões, visto que os interesses variam — em determinado momento a pessoa precisa com urgência de um bem e o atendimento segue a urgência; em certa ocasião a pessoa deseja um atendimento minucioso, portanto, o tempo para essa ação pouco conta no processo de atendimento. Entrementes, de um modo geral, cada fase do atendimento requer ações específicas, isto é, nas fases iniciais (recepção do comprador e sondagem de seus interesses) recomenda-se ao atendente mais observar e ouvir do que falar — dar ênfase aos seus olhos e ouvidos. Na fase de apresentação de soluções, falar mais do que ouvir, visto que já identificou as necessidades e interesses e está apto a apresentar soluções satisfatórias. Na fase de conclusão do negócio, a ênfase da fala depende das questões que restaram, mas, sobretudo, é momento de atender aos interesses, em especial de quem está necessitando da assistência. Na fase seguinte (pós-transação), o atendente tende a ouvir mais, visto que busca saber o grau de satisfação da pessoa atendida e saber das novas necessidades e desejos.

Há atendentes que em vez de atenderem torturam compradores, como mostra a Figura 6.2.

Figura 6.2 — Imagem que simboliza atendentes que buzinam (falam muito) nos ouvidos dos atendidos, assim, os torturam

Fonte: PAGSEGURO. *Blogs e redes sociais versus grandes empresas:* não fique calado. Coloque a "boca no trombone", 2011. Disponível em: <pagseguropropagandaenganosa.blogspot.com>. Acesso em: 21 set. 2018.

Em síntese, a liderança no atendimento requer a habilidade de compreender os interlocutores e com eles desenvolver as ações necessárias ao alcance do objetivo.

Liderança satisfatória no processo de atendimento: habilidade de entender e atender às pessoas desiguais, de formas diferentes, em momentos distintos.

6.6 Causas Adjacentes ao Processo de Atendimento

Diversos fatores influenciam o desempenho do atendente, como exemplos, o seu estado psicológico[52], as atitudes do atendido e os sistemas que a empresa disponibiliza, especialmente os sistemas de recompensas psicológicas e materiais.

Exemplos de recompensas psicológicas organizacionais: inclusão em grupos de trabalho e recompensas imateriais por trabalho bem realizado.

Exemplos de recompensas materiais: salários, assistência à saúde, subsídios à alimentação, reforço do benefício em futura aposentadoria, concessão de ações e alongamento de férias — esses fatores são extrínsecos ao indivíduo (oferecidos por gestores).

Resultado de pesquisa concernente a um sistema organizacional de recompensas

Em uma investigação conduzida para fins acadêmicos — realizada em três unidades de uma rede de concessionárias de veículos estabelecida no Sul do Brasil —, comparou-se a percepção das equipes de vendas com as de seus clientes,

---

[52] Sentimentos de alegria, tristeza, reconhecimento, realização etc.

sobre questões concernentes às fases de atendimento e de pós-atendimento[53]. A questão-chave foi assim definida: o vendedor atende aos seus clientes como estes querem? Em detalhe, perguntou-se a cada atendente como ele/ela percebia a satisfação de cada cliente — em diversos itens do atendimento — e, a cada cliente, a sua satisfação com cada um desses itens.

Todos os consultores de vendas de veículos novos da marca Fiat e usados de qualquer marca tiveram a chance de ser sorteados. Pelo processo de amostragem aleatória simples, foram sorteados dez vendedores de cada localidade. Cada vendedor selecionou três clientes que supunha conhecer bem. Trinta vendedores e 90 clientes responderam à pesquisa — na medida em que um cliente se recusava a participar, outro era convidado.

Comparando-se as repostas dos atendentes com as dos clientes, dos seis fatores contendo variáveis de vendas e pós-vendas apenas dois não apresentaram diferenças significativas. Em outras palavras, em dois conjuntos de variáveis a forma como os consultores atendiam aos seus clientes era aproximada às percepções destes. Em termos das variáveis, constatou-se que 67% apresentaram dependências significativas, isto é, 67% de dissonância entre as percepções dos atendentes com as dos clientes.

Mediante os resultados, decidiu-se verificar se o sistema organizacional de recompensas estabelecido pelos gestores da rede de concessionárias atendia às motivações dos vendedores. As respostas obtidas e a análise teórica permitiram concluir que a arquitetura das recompensas oferecidas pelos gestores contrariava as motivações dos atendentes e, consequentemente, interferia negativamente no atendimento aos clientes. O resultado sugere a oportunidade de se conduzir pesquisas semelhantes, como exemplos, investigar os motivos que os reclamantes podem expor, investigar os atendidos que não reclamam e não compram e, investigar os que compram e não retornam, pois cada um deles tem seus motivos para tomar essas atitudes.

Certos atendentes não gostam de ouvir reclamações. Em termos metafóricos, a reclamação funciona como um remédio amargo que é desconfortável para ingeri-lo, mas seu efeito pode ser gratificante (curar). Ouvir reclamações e estabelecer medidas para corrigir as causas que as originaram tendem a gerar bons dividendos.

Reclamação: consiste — em termos metafóricos — em um remédio amargo que é desconfortável para ingeri-lo, mas seu efeito pode ser gratificante (curar).

---

[53] PINTO, Éder P. Insatisfação com sistemas organizacionais e repercussão no atendimento a clientes. *Comportamento Organizacional e Gestão*, 13 (2), p. 261-281, 2007.

Os atendidos que não compraram e não reclamaram podem ter agido assim por diversos motivos, como por não terem encontrado os produtos que procuraram, não terem gostado dos atendimentos, não terem codificado seus interesses com clareza ou terem acessado o estabelecimento por mera curiosidade ou passeio (dar uma espiadinha). As duas primeiras causas constituem, em termos simbólicos, pedras preciosas disponíveis para lapidação. Por isso, o atendente hábil procura saber com os interessados os detalhes das causas e toma as providências necessárias — disponibilizar mais produtos ou produtos com melhores qualidades ou melhorar o atendimento. Por seus turnos, as outras duas causas — a codificação de interesse de forma obscura, o acesso ao estabelecimento por mera curiosidade ou passeio — disponibilizam menos oportunidade de ações preventivas ou corretivas, no entanto, pode-se indagar aos visitantes o que os levaram a acessar o estabelecimento por mera curiosidade, visto que se eles assim procederam é porque o estabelecimento dispõe de coisas interessantes e isso pode gerar ideias para prover atendimento superior.

Um Pouco de Humor: Anedota da consumidora exigente

Mulheres exigentes foram a um shopping vertical para "comprar" um namorado. A norma exigia que a decisão fosse tomada no momento da procura e caso os atributos do "produto" não as satisfizessem elas teriam de ir ao andar superior, não podendo, portanto, retroceder. No primeiro andar elas encontraram homens ricos. Não satisfeitas, subiram ao segundo andar e lá encontraram homes ricos e bonitos. Querendo mais, subiram ao terceiro andar e encontraram homens ricos, bonitos e inteligentes. Almejando mais atributos, subiram ao quarto andar e encontraram homens ricos, bonitos, inteligentes e carinhosos. Ainda não totalmente satisfeitas, subiram ao quinto andar e encontraram ricos, bonitos, inteligentes, carinhosos e que desejavam ter filhos. Almejando mais atributos, subiram ao sexto andar e encontraram homens ricos, bonitos, inteligentes, carinhosos, que queriam ser pais e praticavam culinária. Maravilhadas com a progressividade dos atributos ofertados, subiram ao sétimo andar. Lá, porém, leram os seguintes dizeres em uma placa: Vocês são exigentes demais, portanto, não há bem que possa satisfazê-las. Passem bem!

Nota: Texto adaptado de fonte não registrada pelo autor.

6.7 Síntese do Capítulo

Quem pensa que o atendimento se restringe ao comércio e serviço comete equívoco, visto que ele faz parte do cotidiano de todos os seres humanos e das demais espécies, visto que em um ambiente social cada ser interage com outros e as interações acontecem apenas quando há ações recíprocas, em outras palavras:

atendimento. No contexto organizacional, cada membro de uma organização realiza, diretamente ou indiretamente, atividades que se destinam ao público que ela serve, isto é, aos adquirentes intermediários ou finais de bens tangíveis ou intangíveis que a organização produz.

Para sobreviver e prosperar em um mercado cada vez mais competitivo a organização necessita definir claramente o conjunto de pessoas ou organizações que quer servir, produzir e entregar valor distintivo a esse público, a um preço acessível e que possibilite lucratividade atrativa.

Os resultados de uma empresa dependem de satisfação de fatores, como: inovação, velocidade, promoção, alto desempenho, atendimento aos requisitos do cliente, disponibilidade de entrega rápida de bens, segurança nas operações, reserva financeira e lucratividade.

Recomenda-se, na medida possível, a aplicação das seguintes etapas no atendimento: recepcionar a pessoa interessada, sondar seus interesses, propor e negociar soluções, concluir a transação, verificar a sua satisfação com o atendimento e, tempo depois, a satisfação com a aquisição e as necessidades atuais. Em termos mais detalhados, no momento em que o interessado em uma transação acessa um estabelecimento (loja, escritório de representação etc.), o atendente cria um "clima" receptivo. Na etapa de sondagem de interesses, investiga as necessidades e desejos da pessoa em atendimento, cuja investigação pode ser feita por meio oral, visual ou por cinestesia. Na fase seguinte, o atendente propõe as soluções que podem atender às necessidades e desejos da pessoa atendida. Se as etapas anteriores foram bem conduzidas, os interlocutores estão aptos a concluírem a transação e a verificarem as suas satisfações com a transação.

A transação eficaz exige o atendimento dos interesses das partes, mormente às de quem paga pelo bem — certificar-se disso é essencial para iniciar ou manter a conquista do cliente. Em outros termos, a conquista do cliente começa com encerramento de uma transação bem-sucedida.

As etapas do processo de atendimento são aplicáveis a qualquer tipo de setor da economia, a qualquer segmento específico de algum setor, ou a qualquer célula de segmento, desde que se siga o jeito de ser de cada célula.

Depois que a Internet foi inventada, as organizações passaram oferecer boa parte de seus produtos em lojas eletrônicas e boa parte das pessoas atendeu a essa forma de comercializar, ou seja, cresce cotidianamente a quantidade de compradores que utiliza o ambiente digital e a dos que usam múltiplos canais de compra. Nesse diapasão, a escala musical da rede mundial de computadores indica que um dos desafios que as organizações encontram consiste no estabelecimento de um ambiente digital de atendimento que não seja muito diferente do que o usuário experimenta nas etapas do atendimento presencial. Há, no entanto, um conjunto de ações praticadas em cada etapa do atendimento presencial, impossível ao sistema eletrônico.

O comércio eletrônico também mudou o cenário interno das lojas físicas, isto é, em determinadas lojas nota-se a presença de poucos compradores na maior parte do tempo de seu funcionamento, mas as vendas por Internet são suficientes para mantê-las operando.

Um dos obstáculos que o comércio eletrônico encontra é a desconfiança ou insegurança que certas pessoas têm de efetuar compras nesse ambiente, pois há espertalhões que o utilizam para praticar atos criminosos como a venda de produtos inexistentes, roubo de informações cadastrais etc. Por isso, cotidianamente mais e mais empresas ampliam seus estudos de segurança da informação e procuram proteger seus sites e, por óbvio, oferecer um ambiente mais seguro aos compradores.

Determinados atendentes creem que para atender bem devem, sempre, liderar todas as fases do atendimento falando muito, com descontração plena, permanecendo "colado" no atendido, enfim, impondo sua maneira de ser ou a maneira que aprendeu como correta. No entanto, é preciso entender que a arte do atendimento requer tratar pessoas desiguais de modos diferentes e lidar com a mesma pessoa de modo distinto em diferentes ocasiões.

Diversos fatores influenciam o desempenho do atendente, como o seu estado psicológico, a atitude do atendido, o conteúdo da transação e os sistemas organizacionais, especialmente os sistemas de recompensas psicológicas e materiais. Avaliar e melhorar esses fatores são ações essenciais ao desenvolvimento do atendimento.

6.8 Questões Para Estimular Debate e Assimilação de Conteúdo

1. Há relação entre fundamentos de marketing e atendimento?
2. Quais os principais fatores que definem os resultados de uma empresa e que efeitos cada um produz?
3. Qual é a diferença entre lucratividade e potencial de lucratividade?
4. Quais são as fases do atendimento?
5. Descreva como recepcionar primorosamente uma pessoa em uma loja comercial.
6. Qual é a importância da sondagem dos interesses da pessoa em atendimento?
7. Quais os principais itens que um atendente de loja de comércio de veículos automotores pergunta à pessoa interessada em comprar um veículo?
8. Que ações você recomenda a quem atende na fase de conclusão do atendimento?

9. Pode se dizer que as etapas do atendimento são aplicáveis de modo universal? Há algum cuidado especial na aplicação das fases em termos de células de segmentos da economia.

10. Você concorda com os selecionadores que escolhem atendentes cujos perfis consistem em atender a pessoas sempre falando muito, com descontração plena, enfim, conduzindo plenamente um atendimento?

11. Em termos de atendimento, por que é necessário tratar pessoas desiguais de modos diferentes e lidar com a mesma pessoa de modos distintos em diferentes ocasiões?

12. Quais são os fatores que influenciam o desempenho do atendente?

13. Defina recompensa psicológica e recompensa material.

PARTE C. Analisando e Evoluindo o Atendimento

Capítulo 7
Estratégias Aplicadas à Análise e Desenvolvimento do Atendimento

7.1 Objetivo do Capítulo

Prover ferramentas para a análise e o desenvolvimento da qualidade do atendimento, tanto a partir da ótica dos atendidos, quanto dos atendentes — da linha de frente e da retaguarda.

7.2 Natureza da Análise de Desempenho em Atendimentos

Quando uma pessoa avalia alguma coisa ela promove uma perturbação na coisa e em si própria, visto que ela tira a coisa da zona de inércia ou de ausência de atenção e a projeta em sua consciência. Portanto, o objeto e o sujeito são acionados ou perturbados. O mesmo ocorre quando a atitude de uma pessoa é observada, pois ela é levada, por outrem, do estado de ignorância para o estado de observação. Por isso a avaliação incomoda de algum modo, em certo grau e em determinado momento a diversas pessoas.

Algumas pessoas se incomodam pelo simples fato de serem observadas — mesmo sabendo que a observação não promoverá mudanças em seus caminhos. Outras se incomodam por possibilidade de mudanças. Em ambos casos, há a tendência de autoproteção a própria imagem. Por outro lado, parte das pessoas que estão sob a mira de um observador — que pode gerar mudanças em seus caminhos — busca influenciá-lo para evitar punições ou para receber recompensas[54].

Há de se considerar, também, que certa quantidade de pessoas não aprecia opiniões alheias sobre suas atitudes e comportamentos. Essas pessoas tendem a ser vistas com certo grau de reserva e perdem oportunidades que teriam se

---

[54] A tentativa de influência, visando obter benefício a si próprio, é forte na cultura brasileira, especialmente quando se trata de relacionamentos comerciais, por exemplo, dizem que há candidato que consegue emprego a partir de seu QI — referência jocosa à expressão quociente de inteligência, ou seja, manifestando que alguém o indicou (**q**uem **i**ndicou). Mas essa cultura também permeia certas organizações que tem matriz no exterior, por exemplo, o site LinkedIn.com envia mensagens para pessoas que se candidatam a emprego a partir de ofertas postadas no site, recomendando-lhes para entrar em contato com pessoas de suas redes, para pedir-lhes indicação.

ouvissem a outras pessoas e revissem as suas condutas. Por outro lado, a solicitação ou utilização de opiniões alheias requer cuidados, como a capacidade do interlocutor, sua provável intenção e a tempestividade da solicitação, ou seja, certas pessoas não conhecem suficientemente o conteúdo da questão, podem agir de forma destrutiva e em momento impróprio.

Requisitos considerados na solicitação de opiniões alheias: a capacidade do interlocutor, a sua provável intenção e a tempestividade da pergunta.

Além de o uso de opinião de outrem requerer cuidado, a qualidade do filtro perceptivo do receptor também é levada em conta.

Exemplo de filtro perceptivo adequado: purifica opiniões (retém as partículas nocivas e deixa fluir apenas as apropriadas e oportunas), atenua as oscilações das opiniões alheias, reflete as opiniões inócuas de volta ao interlocutor, desconsidera opiniões aquém da qualidade mínima ou do limite de aproveitamento, mantém as propriedades do filtro perceptivo continuamente acuradas.

Por razões como essas, a análise — ou, como preferem alguns, avaliação — de desempenho encontra certo grau de resistência e está sujeita a manipulações que tendem a influenciar, em certa intensidade e em algum momento, o efeito desejado. Entrementes, fatos consequentes podem gerar benefícios à pessoa observada, aos que a rodeiam e às pessoas que a ela servem. Em palavras concernentes ao atendimento, a análise das atitudes de atendentes pode gerar benefícios a eles próprios, aos colegas que com eles somam esforços, aos atendidos intramuros (clientes internos) e aos extramuros (clientes externos). É com esta perspectiva que os gestores de equipes de atendimento podem convencer os atendentes a romperem com suas ansiedades e autodefesas, gerando, assim, um clima em prol da análise das ações de atendimento e dos resultados obtidos.

Dentre os temas que podem ser discutidos nas análises de desempenho, encontram-se: temas de atendimento, temas de apoio ao atendimento, temas de objetivo do atendimento.

Exemplos de temas de atendimento: atenção, gentileza, acolhimento, postura corporal, expressões orais, asseio corporal, etapas do atendimento, tempo de atendimento, acompanhamento aos atendidos, perfil dos atendidos.

Exemplos de temas de apoio ao atendimento: suporte gerencial, quantidade de produtos disponíveis, qualidade dos produtos disponíveis, preços dos produtos, prazos de entrega, prazos de pagamento.

Exemplos de temas de objetivo do atendimento: quantidade de clientes, taxas de rotatividade de clientes, custo de obtenção de clientes, margem de contribuição da venda, faturamento, lucro, crescimento organizacional.

O desempenho do atendente pode ser analisado por meio de perspectivas diversas. Neste capítulo, ele será tratado sob a ótica da satisfação do atendido, sob a ótica da satisfação do atendente com seu próprio desempenho e sob a perspectiva da equipe de atendimento.

7.3 Autoanálise do Desempenho em Atendimento

O atendente pode examinar, sozinho, o seu desempenho no atendimento que presta aos clientes (autoanálise).

A autoanálise é fundamental para perceber e rever os próprios sentimentos, crenças, atitudes e comportamentos. Para tanto, o atendente pode observar as próprias expressões corporais, especialmente a expressão facial e a adrenalina, pois elas tendem a revelar o grau de emoção no atendimento. A expressão contraída do corpo, os braços cruzados rigidamente, o meneio negativo da cabeça (mover de um lado para outro), o olhar evasivo, e a expressão facial "fechada" são sinais de insatisfação — cada indivíduo tem suas expressões peculiares, mas certas expressões corporais refletem usos, costumes, crenças e valores de boa parte dos habitantes de determinada região.

> *Autoanálise do atendimento*: análise que a pessoa faz de sua maneira de atender, visando perceber e rever os próprios sentimentos, crenças, atitudes e comportamentos.

Sob outra ótica, a expressão do atendente pode estar reproduzindo a postura do atendido. Se essa postura estiver transmitindo entusiasmo e outros predicados compatíveis com o atendimento, vale à pena embarcar nessa nau. Caso contrário, recomenda-se ao atendente não se influenciar com a postura do atendido e "contagiá-lo" com sorriso franco, tom de voz alegre, expressão facial aberta, enfim, com expressão corporal construtiva. Adicionalmente, recomenda-se, também, respirar fundo, relaxar, oferecer algo nutritivo e retomar o conteúdo quando houver conforto adequado. O inverso também acontece, ou seja, o comportamento do atendido pode estar sendo reflexo da postura do atendente.

7.4 Análise do Desempenho do Atendente pela Equipe do Setor

Solicitar pareceres a terceiros, em especial a colegas de trabalho, a pessoas da família e a amigos constitui um jeito importante de rever as próprias atitudes e comportamentos, visto que opiniões certas geram nutrientes certos para pensar, repensar e corrigir falhas cometidas, em suma, para evoluir.

Há diversas técnicas para se levantar as percepções da equipe sobre o desempenho de cada atendente, como exemplos, em conversas informais, em workshops, por mensagens escritas em quadros, por meio da técnica intitulada Grupo de Verbalização e Grupo de Observação (GV-GO). Esta seção aplica essa técnica.

> GV - GO: técnica aplicada a várias finalidades, inclusive à análise do atendimento, em que um grupo exerce o papel de protagonista (Grupo de Verbalização), enquanto outro exerce o papel coadjuvante ou de retroalimentação (Grupo de Observação).

Para facilitar o entendimento de como a GV-GO funciona, vamos considerar o seguinte exemplo:

Exemplo de aplicação da técnica GV GO: uma equipe multidisciplinar de atendimento a pacientes de uma instituição hospitalar (médicos, assistentes sociais, enfermeiros, auxiliares de enfermagem etc.) está reunida para analisar o desempenho de determinada enfermeira. Inicialmente, a equipe se divide em dois grupos: o de observação e o de verbalização — no caso, o grupo de observação (doravante denominado GO) pode ser constituído por colegas de trabalho da enfermeira (médico, assistente social etc.) e o grupo de verbalização (doravante denominado GV) pode ser constituído pela enfermeira e por um ou mais pacientes (pacientes reais ou funcionários simulando o papel de pacientes) — o GO observará os quesitos da função de uma enfermeira, como: presteza, gentileza, etapas do atendimento e conhecimento técnico. O GV encenará o passo a passo do atendimento a pacientes. Inicialmente, cada grupo elabora, separadamente, seu plano de ação, ou seja, o GO determina os papéis de cada membro — por exemplo, uma pessoa é designada para analisar a obsequiosidade da enfermeira, outra o cumprimento das etapas de atendimento, outra o conhecimento técnico etc. — e como apresentará as suas percepções ao GV. O GV, por seu turno, identifica quem exercerá o papel de enfermeira e quem serão os pacientes. Em seguida a enfermeira se separa dos pacientes para planejar o desempenho de seu papel, cujo planejamento os pacientes também farão. Estabelecidas os planos de ação, o GV inicia, desenvolve e conclui o processo de encenação. Em seguida, o GO apresenta suas considerações sobre o que observou. Concluída a fala do GO, cada membro do GV poderá apresentar réplica. Na sequência, o GO, ou algum membro especificamente acionado, poderá apresentar tréplica — os participantes do GO podem apresentar suas tréplicas pontualmente, no entanto, é preciso muita disciplina para não gerar confrontos inúteis e não exceder o tempo necessário.

A minha experiência com esse método de trabalho tem revelado que a rea-limentação concedida coletivamente ou indiretamente é mais edificante que a prestada individualmente, em virtude de que a citação direta pode incomodar à pessoa citada, deixá-la ansiosa, restar-lhe o sentimento de impotência ou reagir negativamente. Entretanto, certas pessoas têm pedido considerações específicas sobre seus desempenhos. Nesse caso, a resposta é salutar quando a solicitante está realmente disposta a dar ouvidos aos comentários, mas desaconselhável quando o objetivo é estabelecer polêmicas. Doutro modo, quando um observa-dor descreve a sua percepção sobre uma equipe, cada ator tende a assimilar quais retroalimentações dizem respeito ao que produziu, sendo, assim, desnecessário realizar retroalimentação individual.

7.5 Análise do Atendimento Pelo Público Externo

A satisfação do público externo com o atendimento pode ser verificada presen-cialmente e a distância.

A coleta de dados pode ser conduzida por formas escritas, orais, visuais e sinestésicas. A forma escrita geralmente é conduzida por meio de formulários. A forma oral por meio de voz — neste sentido opõe-se à escrita. A visual, por meio do sentido da visão. A sinestésica, através de associação de sensações de caráter distintos, como apertos de mãos com sorrisos, de expressão facial com postura corporal etc.

Avaliação por sinestesia: associação de sensações de caráter distintos, no ato de avaliar, como apertos de mãos com sorrisos, expressão facial com postura corporal etc.

Em termos de pesquisa presencial, há empresas que realizam levantamentos por meio de painéis, geralmente colocados na porta de saída do estabelecimento, para que o comprador ou cliente expresse seu grau de satisfação com o atendi-mento. Essa forma apresenta alguns pontos discutíveis. Inicialmente, se houver a presença de uma funcionária que estimula os compradores a avaliarem o atendi-mento, isso pode inibir a pessoa atendida a expressar a sua real opinião, ou seja, a pessoa atendida pode expressar a política de boa vizinhança — avaliação supe-rior ao que realmente observou. Segundamente, pessoas que estão com pressa podem assinalar uma resposta qualquer, isto é, que não corresponde à realidade experimentada. Terceiramente, a pesquisa não fornece nenhuma pista sobre os itens dos temas de atendimento e de apoio ao atendimento ou o porquê do grau de satisfação. De forma contundente, as lojas que assim procedem estão jogando dinheiro no ralo da esperança infundada.

Em termos da pesquisa a distância, tenho observado que o pessoal de marketing está utilizando basicamente canais eletrônicos nas pesquisas de satisfação e, simplesmente, pedindo ao comprador ou cliente para emitir uma nota, em uma escala de 1 a 5, em que 1 geralmente consiste em muito insatisfeito e 5 muito satisfeito. Por certo, a nota emitida dá uma noção de satisfação com o atendimento, mas a noção falece na praia, isto é, não verte qualquer causa que possa estimular a construção de medidas corretivas ou desenvolvimentistas — as perguntas são semelhantes a indagar: você gosta de mim? A resposta (sim ou não) não permite saber os porquês. Pior, como o questionamento geralmente sucede a imediata aquisição de um bem, ele não alcança o fato posterior, isto é, a satisfação com o uso bem. Assim, recomendo a coleta da satisfação mediante a solicitação dos fatos que a resultaram e após certo período de uso do bem.

Adicionalmente, visando dar mais robustez ao formulário eletrônico de pesquisa, recomendo cobrir os temas de pesquisa e apresentar um campo descritivo, conforme o modelo a seguir.

Exemplo de inquirição. Prezado/prezada cliente! Por favor, atribua nota de zero a cinco: (a) à obtenção de seu objetivo; (b) à sua satisfação com o atendimento recebido; (c) à sua satisfação com os produtos disponíveis, com as condições de pagamento e o prazo de entrega; (d) à sua intenção de voltar a comprar nossos produtos; (e) ao interesse em indicar a nossa empresa para outras pessoas. Por gentileza, acrescente comentários, especialmente específicos a um ou mais dos cinco itens apresentados.

O que difere a pesquisa a distância da presencial são os meios de comunicação utilizados, ou seja, enquanto que o levantamento presencial exige o encontro do atendido com atendentes ou com recursos internos de avaliação, o levantamento à distância é desenvolvido por meios, como aplicativos baixados em telefoneis móveis, por Internet, por e-mail, por pombo-correio (risos) — tempos passados, também por correios físicos.

7.6 Montando a Engrenagem

Meu sentimento é que o montante dos esforços de análise do desempenho em atendimento não tem produzido associações significativas das percepções dos atendentes com as do público externo, em razão uma das seguintes causas:

- a organização não analisa seu desempenho em atendimentos;
- a análise dos atendimentos restringe-se às percepções dos atendentes, ou dos atendidos;
- não há comparação das análises elaboradas.

Mesmo que se considerasse válido um sistema de avaliação restrito a um único público (interno ou externo), seria necessário melhorar as configurações das análises aplicadas por certas empresas.

Algumas empresas até envolvem fornecedores e clientes no processo de análise dos desempenhos de seus empregados, mas o departamento que gerencia serviços ou vendas para clientes gera outro modelo de apuração da satisfação com os atendimentos.

Viés semelhante ao acima comentado se observa na gestão do desempenho do professor da educação superior, isto é, parte substantiva das instituições do ensino superior (IES) solicita aos discentes opinarem sobre os desempenhos dos docentes, a partir de aplicação de notas a certos fatores e emissão de comentários — estes, quando emitidos, são breves e via de regra inócuos (no sentido de não apresentarem o efeito esperado). Assim, coletam estímulos pouco significativos à evolução dos desempenhos dos docentes. De maneira contundente, os dados coletados consistem em julgamentos superficiais, não interativos e eivados por preconceitos decorrentes de disfunções cognitivas, como efeito de halo, projeção das próprias fraquezas, influência do estado emocional, influência da nota obtida etc.

Bem que as IES poderiam substituir os métodos arcaicos, ineptos ao estímulo do crescimento de seus docentes, por métodos de alimentação e realimentação da aprendizagem-ensino — nesta expressão, o verbete *aprendizagem* precede o verbete *ensino*, visto que o objetivo deve preceder o meio. Como sugestão, o docente pode promover um workshop com os discentes do módulo, imediatamente após a emissão de um conjunto de avaliações de desempenho dos estudantes — por exemplo, prova, apresentação de trabalho, estudos dirigidos —, visando rever fatores, como conteúdo ministrado, didática aplicada e outros que promovem aprendizagem. Desta maneira, docente e discentes prospectam elementos para gerar mudanças que possibilitam o crescimento (aprendizado) de todos.

Por razões como as que acima apontei, alerto para a importância de se comparar as apreciações das partes (atendentes e atendidos), aplicando-se o mesmo método e, preferivelmente, com ambas as partes presentes, por exemplo, aplicando-se a técnica GV-GO. No entanto, sabe-se que esse encontro é pouco factível em boa parte das organizações, assim, esta parte das organizações pode coletar os dados separadamente e aplicar um método estatístico para analisá-los.

Exemplo de coleta de dados com os atendentes e com os atendidos e de procedimento de análise estatística. Inicialmente a empresa define os prognosticadores de desempenho, segundo os temas de atendimento, temas de apoio ao atendimento e temas de objetivo do atendimento. Em seguida solicita aos atendidos e aos atendentes emitirem notas a cada item dos temas. Coletadas as avaliações, o analista aplica um método estatístico de análise comparativa e verifica os resultados. Se as variações observadas nas apreciações dos dois grupos se moverem na direção ascendente ter-se-á algum grau de correlação positiva, assim, se o grau for satisfatório manter-se-ão os fatores preditivos. Se a correlação for negativa (à medida que as notas emitidas pelos atendentes aumentam, as dos atendidos diminuem), ou se houver ausência de correlação (as avaliações de ambos os grupos não seguem linearmente) há de se rever os fatores preditivos adotados, visto que eles não apresentam capacidade preditiva. Por seu turno, se a correlação for positiva e as médias do desempenho satisfatórias, a equipe de atendimento está de parabéns.

Postas essas considerações, recomendo às organizações empresariais um cuidado maior na análise de desempenho do atendimento, visto que seus resultados constituem matéria-prima robusta para se desenvolver o atendimento e gerar benefícios, como prazer em atender, conquistar e manter clientes, gerar lucratividade e crescimento.

7.7 Síntese do Capítulo

Parte da população apresenta algum grau de resistência à avaliação que outros fazem de suas atitudes e comportamentos. Isso também acontece em organizações, no entanto, retroalimentações podem gerar benefícios aos avaliados, aos colegas de equipe que com eles somam esforços, aos atendidos intramuros (clientes internos) e aos extramuros (clientes externos).

Neste capítulo, a qualidade do atendimento é analisada sob a ótica dos atendidos e dos atendentes.

O atendente pode examinar, sozinho, o seu desempenho no atendimento que presta aos clientes (autoanálise), observando as próprias expressões corporais, especialmente a expressão facial e a adrenalina, pois elas tendem a revelar o grau de emoção no atendimento. A expressão contraída do corpo, os braços cruzados rigidamente, o meneio negativo da cabeça, o olhar evasivo, e a expressão facial "fechada" são sinais de insatisfação. A finalidade consiste em perceber e rever os próprios sentimentos, crenças, atitudes e comportamentos.

Há diversas técnicas para se levantar as percepções da equipe sobre o desempenho de cada atendente, como exemplos, em conversas informais, em workshops, por mensagens escritas em quadros e por meio da técnica intitulada Grupo de Verbalização e Grupo de Observação (GV-GO).

A satisfação do público externo com o atendimento pode ser verificada presencialmente e a distância e ambas podem ser conduzidas por formas escritas, orais, visuais e sinestésicas. O que as diferem são os meios de comunicação utilizados, ou seja, enquanto que o levantamento presencial exige o encontro do atendente com o atendido ou com recursos disponibilizados no estabelecimento, o levantamento à distância não tem essa característica e é desenvolvido por aplicativos baixados em telefoneis móveis, por Internet, por e-mail etc.

O montante dos esforços de análise do desempenho em atendimento não tem produzido associações significativas das percepções dos atendentes com as do público externo, segundo uma das seguintes causas: a organização não analisa seu desempenho em atendimentos; a análise dos atendimentos restringe-se às percepções dos atendentes, ou dos atendidos; não há comparação das análises elaboradas.

7.8 Questões Para Estimular Debate e Assimilação de Conteúdo

1. De modo geral, as pessoas gostam de ser avaliadas? Que tipos de reação elas apresentam quando são avaliadas?
2. A quem a análise de atitudes e comportamentos em atendimento pode beneficiar?
3. Diferencie a avaliação presencial do atendimento da realizada a distância.
4. Quais são as formas aplicadas em análises do desempenho em atendimento? Explique cada uma.
5. Explique o significado da análise da satisfação por meio sinestésico.
6. Certas empresas designam funcionários para ficarem próximos a painéis de avaliação e pedirem às pessoas que estão deixando os seus estabelecimentos para indicarem os seus graus de satisfação com os atendimentos. Você acha válido esse procedimento? Explique a sua resposta.
7. O que significa autoanálise do desempenho em atendimento?
8. Qual é a importância da autoanálise e como ela pode ser realizada?
9. A expressão do atendente pode estar reproduzindo uma postura incompatível do atendido com o atendimento. Nesse caso, o que você recomenda ao atendente?
10. Explique a técnica intitulada GV-GO (Grupo de Verbalização e Grupo de Observação).
11. O montante dos esforços de análise do desempenho em atendimento tem produzido associações significativas das percepções dos atendentes com as do público externo? Explique a sua resposta.
12. Quais as principais contribuições do capítulo com o seu aprendizado?

Glossário

Adquirente

- **não organizacional**: pessoa física que adquire bens de quem os produz ou os revende, quer para seu próprio uso ou consumo ou para outrem.
- **organizacional**: pessoa jurídica que compra bens para seu próprio uso ou para revenda.

Agente

- **de vendas**: pessoa que trabalha para um único fabricante e responde pelas funções do composto mercadológico.
- **representante de fabricantes**: pessoa que comercializa, em território exclusivo, produtos de diversos fabricantes não concorrentes e responde pelas funções de transação.

Ambientação e desenvolvimento de talentos: ações ou atividades que facilitam o trabalhador a se integrar na organização e a desenvolver suas competências profissionais.

Arquitetura do atendimento comercial: arte e técnica de projetar e aplicar conceitos e práticas de atendimento.

Artimanha aplicada no processo de negociação: modo hábil de ludibriar alguém em qualquer momento ou fase do processo, para obter ganho unilateral.

Assimetria em atendimento comercial: dissonância da declaração com a prática e desta com o conceito de atendimento bem qualificado. Em outras palavras, práticas que não encontram correspondências em forma, tamanho e significado nos contextos da declaração e da conceituação.

Atacadista intermediário: quem detém a propriedade do bem que comercializa e realiza todas as demais funções do composto mercadológico — atua entre o fabricante e o varejista ou diretamente com o consumidor.

Atendimento

- **em termos abrangentes**: geração de uma ideia destinada a satisfazer necessidades, desejos e expectativas, que avança para um projeto de criação do bem que os atendem, continua com a produção e a comercialização do bem e de sua revisão.

- **em termos estritos**: ação ou efeito de atender a pessoas que entram em contato, em especial a clientes.

Atributo do produto: qualidade ou característica que não faz parte da essência do bem, mas que desta decorre e a ela se junta para caracterizá-lo.

Autoanálise do atendimento: análise que a pessoa faz de sua maneira de atender, visando perceber e rever os próprios sentimentos, crenças, atitudes e comportamentos.

Avaliação por sinestesia: associação de sensações de caráter distintos no ato de avaliar, como apertos de mãos com sorrisos, expressão facial com postura corporal etc.

Bem de consumo: o que já recebeu todos os tratamentos industriais necessários à sua utilização.

Benefício do produto: vantagem que os atributos disponibilizam ao usuário.

Benefícios do trabalho: vantagens concedidas aos trabalhadores, ou seja, plano de saúde, colônia de férias, carro para uso particular, com motorista, pagamento de mensalidades escolares etc.

Brainwriting: coleta escrita de ideias em que cada membro de um grupo agrega valor às emitidas pelos colegas.

B2B: *business-to-business* (de empresa para empresa: comércio realizado via Internet entre empresas).

B2C: *business-to-consumer* (de empresa para consumidor: comércio realizado via Internet entre empresa e consumidor).

B2G: *business-to-government* (de empresa para governo: comércio realizado via Internet entre empresa e organização pública).

Canal

- **de comunicação**: via pela qual a mensagem é transmitida pelo emissor e recebida pela audiência.
- **na ótica do consumidor**: meio que facilita a obtenção de produtos de modo mais rápido, prático e com menor custo que se tivesse de adquiri-los diretamente do produtor.
- **na ótica do produtor**: meio utilizado na entrega de bens diretamente ao adquirente (canal próprio) ou com o apoio de um ou mais intermediários.

Canais múltiplos de distribuição: arranjo de quatro ou mais canais por meio dos quais um produtor ou revendedor (distribuidor, atacadista ou varejista) flui seus bens.

Capacidade organizacional: habilidade que a empresa tem de organizar os recursos que foram integrados propositalmente para alcançar uma condição final desejada[55].

Cliente

- **não organizacional**: pessoa física que com frequência adquire bens de certa firma ou de profissional.
- **organizacional**: pessoa jurídica que recorrentemente adquire bens de certa firma ou de profissional.

Competência essencial distintiva: traço da personalidade da organização que a habilita a realizar movimentos estratégicos de inovação de valor, conferindo-lhe, portanto, vantagem competitiva.

Composição das recompensas do trabalho: variáveis que integram cada fator de recompensa, isto é, o fator salário e o fator benefício.

Composto

- **de comunicação**: conjunto de estratégias destinadas a divulgar marcas e seus consectários (preço, prazo de pagamento etc.).
- **de marketing da organização (4Ps)**: produto, preço, praça (distribuição), promoção (comunicação).
- **do adquirente (3Cs)**: conveniência, custo e comunicação.

Comunicação

- **com o mercado**: processo que cria significado comum a uma ou mais mensagens compartilhadas por uma ou mais organizações com a audiência-alvo.
- **definição**: processo de interação entre seres vivos que resulta na construção de um significado comum da mensagem compartilhada.
- **no atendimento**: processo que cria significado comum a uma ou mais mensagens compartilhadas entre uma ou mais pessoas que atendem e uma ou mais que são atendidas.

---

[55] HITT, M. A.; IRELAND, R. D.; HOSKISSON, R. E. *Administração estratégica*: competitividade e globalização. São Paulo: Pioneira Thomson Learning, 2005, p. 108.

Conceito de valor

- **na ótica do adquirente**: qualidade da experiência vivida com o bem ou — em caso de inexperiência — os benefícios que os atributos do produto sinalizam, levando em conta os custos de aquisição.
- **na ótica do produtor**: atributos do bem oriundos do esforço para produzi-lo e distribuí-lo e a respectiva demanda.

Consequências de produtos: fatos concernentes a situações desejadas (benefícios), indesejadas (custos ou sacrifícios), funcionais (como o produto opera) e psicológica (grau de conforto ou prazer em seu desfrute).

Consignação: concessão do direito de transacionar um bem que o consignador (proprietário) faz ao consignatário (vendedor), mediante promessa que o consignador faz ao consignatário de pagar o montante combinado quando ocorrer a venda.

C2C: *consumer-to-consumer* (de consumidor para consumidor: transação conduzida por Internet entre consumidores).

Consumidor: pessoa que extingue, aniquila ou usa bens produzidos por manufatureiros, geralmente adquirindo-os a partir de aquisição em empresas do varejo.

Conteúdo da mensagem: conjunto dos conceitos e ideias objeto de transmissão aos interessados.

Contrato comercial: documento que expressa a vontade das partes na concretização de um negócio.

CPA (*cost-per-action*) — formato de publicidade que exige dos anunciantes o pagamento de uma comissão aos editores que apresentam novos clientes pagantes, por meio de publicidade em banner ou link.

CPC (*cost-per-click*): opção de publicidade que exige dos anunciantes o pagamento ao editor toda vez que um click válido é feito em seu anúncio específico.

CPM (*cost-per-mile*): um formato de publicidade que exige dos anunciantes o pagamento ao editor de uma taxa definida para cada mil impressões que seu anúncio específico recebe.

Cultura organizacional: valores, crenças, mitos e símbolos praticados e transmitidos pelos membros de uma ou mais organizações.

Descrição de cargo: ação concernente à coleta de informações de certa função, que resulta em registros, como: resumo, impacto de cada atribuição nos resultados almejados; a interação da pessoa que desempenha a função com outras que laboram nos ambientes intramuros e extramuros; os horários de trabalho; o prazo de validade da descrição; o perfil da pessoa adequada ao desempenho da função.

Desejo: demanda psíquica (anseio ou ambição) por alguma coisa.

Design de um produto: característica física (advinda de materiais, técnicas e processos aplicados), forma (disposição exterior, estética) e função (atividade prática, utilidade).

Diferença entre necessidade, desejo e expectativa: em síntese, necessidade é algo indispensável, desejo significa a vontade de ter e expectativa é o que se espera obter.

Downsizing: procedimentos reativos e incisivos de reestruturação organizacional, mormente visando reduzir custos.

E-business: negócio eletrônico.

E-commerce; comércio eletrônico.

E-Learning: processo de aprendizagem digital (com base na Internet).

E-mail: correio eletrônico).

E-Marketing: mercado eletrônico.

Empatia: técnica de experimentação mental dos pensamentos e sentimentos de outra pessoa, visando compreendê-la e ajudá-la. Em outras palavras: colocar-se no lugar de outrem.

ERP: *enterprise relationship management* (gestão de relacionamento corporativo).

Especificação técnica: principais dados que caracterizam e individualizam o material ou produto e incluem informações, como: nome do fabricante, código do produto, aplicação, diâmetro nominal, matéria-prima, modelo, peso, acabamento, cor, teste, embalagem, forma de acondicionamento e normas aplicáveis.

Estratégia

- **de promoção**: esforço que a organização utiliza para promover marcas ou vendas.
- **mercadológica**: conjunto de esforços permanentemente orientados para atender às necessidades, desejos e expectativas do público-alvo.
- **organizacional**: conjunto de esforços permanentemente orientados para a consecução do propósito institucional.

Expectativa: esperança oriunda da probabilidade de que algo suceda ou de promessa feita por outrem.

Exposição de conteúdo: atividade cuja palavra é centrada no instrutor.

Extranet: rede de computadores que utiliza a Internet para compartilhar informação com segurança;

Fases do atendimento

- **apresentação de soluções**: momento em que quem atende explica à pessoa atendida as soluções disponíveis ao atendimento das necessidades, desejos e expectativas identificadas.

- **conclusão da transação**: momento em que se verifica se as objeções, ansiedades e incertezas foram superadas, soluciona-se o que for necessário e formaliza-se a transação.

- **recepção do interessado**: momento em que o campo de interação e confiança é estabelecido e tem o objetivo de criar um clima favorável ao atendimento.

- **relacionamento pós-transação**: momento em que se verifica a satisfação da pessoa atendida com o bem adquirido, as suas atuais necessidades e desejos e outras ações pertinentes.

- **sondagem de interesse**: momento em que se identifica o perfil do interesse do atendido por determinado bem.

Fatores aplicados na precificação de um bem: gastos com a sua criação e reprodução, seu padrão frente aos similares, sua utilidade, o grau de hedonismo que propicia, o impacto do produto na sociedade e sua disponibilidade.

Formas de comunicação com a audiência: maneiras de alcançar o público, executadas tanto diretamente, como indiretamente; tanto ininterruptamente como periodicamente; tanto coletivamente quanto individualmente.

Fornecedor organizacional: pessoa jurídica (fabricante, distribuidor, atacadista ou varejista) que disponibiliza bens a outra pessoa jurídica: insumo, instalações, equipamentos, produto para revenda etc.

Franquia: arranjo contratual formado entre uma empresa controladora (um franqueador) e um indivíduo ou empresa (um franqueado) que permite que o franqueado opere um determinado tipo de negócio sob um nome já conhecido seguindo determinadas regras[56].

Frequência da mensagem: quantidade de vezes que ela vai ao ar em certa unidade de tempo.

---

[56] KERIN, R. A.; HARTLEY, S. W.; BERKOWITZ E. N.; RUDELIUS, W. *Marketing*. 8. ed. São Paulo: Mc-Graw-Hill, 2007. p. 397.

Função do produto: sistema contido no produto que permite ao usuário operacionalizá-lo e colher os benefícios esperados.

Fundamentos institucionais: conjunto de fatores que regem a organização, isto é, propósito, visão, valores e seus consectários.

Garantia da qualidade: compromisso do fabricante com a qualidade do bem e tem o propósito de facilitar a venda e dar ao adquirente a tranquilidade ao uso do bem.

G2C: *government-to-consumer* (de governo para consumidor: transação realizada via Internet entre organização pública e consumidor).

G2G: *government-to-government* (de governo para governo: transação realizada via Internet entre organizações públicas).

GV-GO: técnica aplicada a várias finalidades em que um grupo exerce o papel de protagonista (Grupo de Verbalização), enquanto outro exerce o papel coadjuvante ou de retroalimentação (Grupo de Observação).

Guerra de preço: batalhas entre concorrentes em que o vitorioso não é necessariamente quem detém o maior patrimônio, o maior número de clientes, mais tempo no mercado e afins, mas quem lida melhor com gastos, qualidade e estratégias de apreçamento em cada batalha.

Inovação de valor: valor que a inovação agrega ou valor agregado à inovação.

Internet
- **definição**: ambiente eletrônico de aproximação e intermediação, que permite pessoas e organizações realizarem transações sem necessariamente estarem próximas ou atuando diretamente entre si.
- **diretórios**: listagens estruturadas de sites, organizadas em diferentes categorias;
- **mecanismos de pesquisa**: sites que indexam, por meio de rastreadores automáticos, sites operacionalizados por palavras-chave.
- **portal horizontal**: aquele que tem propósito geral, ou seja, que tenta ser "tudo para todas as pessoas", oferecendo acesso a uma ampla variedade de destinos de conteúdo e comércio
- **portal vertical**: aquele que atua como ponto de acesso a sites relacionados a um único tema, área funcional ou grupo de interesse.

Liderança satisfatória no processo de atendimento: habilidade de entender e atender as pessoas desiguais, de formas diferentes, em momentos distintos.

Lucratividade: qualidade, caráter do que reiteradamente proporciona lucro, consiste, metaforicamente, na certificação do sucesso de um modelo de negócio.

Macroambiente: ambiente constituído pelas forças socioculturais, econômicas e políticas, que tendem a afetar os negócios das empresas e pode ser por ela afetado, ao menos remotamente.

Marca

- **definição legal**: usada para distinguir produto ou serviço de outro idêntico, semelhante ou afim, de origem diversa.
- **definição oficial**: todo sinal distintivo, visualmente perceptível, que identifica e distingue produtos e serviços, bem como certifica a conformidade dos mesmos com determinadas normas ou especificações técnicas.
- **forte ou consolidada**: fato ou situação que disponibiliza frutos, como dela ter consciência, associações positivas com ela, percepção de sua qualidade e, como provento, tende a conquistar a lealdade do consumidor ou cliente.

Marketing: função organizacional que aplica um conjunto de técnicas na criação, aperfeiçoamento, precificação, distribuição e divulgação de produtos ao mercado e na gestão do relacionamento com o público-alvo. Também definido, como: "a atividade, conjunto de instituições, e processos para criar, comunicar, entregar e permutar ofertas que tenham valor para consumidores, clientes, parceiros, e sociedade em geral"[57].

Marketing direto: esforço conduzido pela própria organização no relacionamento com o público-alvo, por meios eletrônicos, mensagens em brindes, operadores de telemarketing e afins.

Mensagem ao mercado: informação destinada à audiência que pode, ou não, gerar significado comum no relacionamento entre o emissor e o público-alvo.

Mercado-alvo: grupo de potenciais adquirentes — com necessidades, desejos e expectativas de consumo semelhantes — que o fabricante ou revendedor quer atender, por meio da produção ou comercialização de bens.

Mídia: conjunto de veículos utilizados para transmitir publicidade.

Modelo

- **de afiliação**: conjunto de ações em que a empresa "sugere" compras ao internauta em empresas parceiras (vendedoras ou fornecedoras de bens).

---

[57] AMERICAN MARKETING ASSOCIATION. *Marketing*, 2016. Disponível em: <https://www.ama.org/AboutAMA/Pages/Definition-of-Marketing.aspx>. Acesso em: 25 set. 2016.

- **de negócio:** conjunto de ações em que a organização adquire, organiza e usa recursos, para entregar valor ao seu público-alvo em forma de bens; gera receita e lucro; obtém vantagem competitiva que a permite sobreviver e prosperar.

- **de publicidade:** conjunto de ações em que os anunciantes remuneram os editores a partir dos anúncios que estes editam, ou seja, os editores cobram os anúncios conforme quantidades, isto é, CPM (custo por milhar), CPC (custo por clicks) e CPA (custo por ações).

- **de subscrição:** conjunto de ações em que um site oferece aos seus usuários conteúdo ou serviço e cobra uma taxa pelo uso.

- **de transação:** conjunto de ações em que a empresa proprietária de um site cobra uma taxa para habilitar ou conduzir transação entre um comprador e um vendedor (ambos diferentes da empresa proprietária do site).

Motivação: palavra constituída pelo radical "motiv" + o sufixo "ação", ou seja, motivo para ação ou motivo da ação.

Movimento estratégico: conjunto de decisões e ações gerenciais que resultam em importantes produtos [...] capazes de criar mercados[58].

Necessidade: aquilo que não se pode evitar, para sobreviver.

Negociação: ato destinado a obtenção de um acordo, em especial o que proporcione ganhos mútuos.

Nicho de mercado: grupo de adquirentes com necessidades, desejos e expectativas bem definidas, ou combinações desses fatores.

Organização empresarial: indivíduo ou conjunto de pessoas que sob uma denominação jurídica conduzem atividades de negócio em um ou mais segmentos da atividade econômica.

Outlet: mercado de venda a varejo — geralmente estabelecido em construções simples — em que produtores e revendedores vendem seus produtos diretamente aos adquirentes.

Painel: grupo que debate ideias ou pontos de vista perante um público.

Pesquisa

- **de mercado:** "a função que liga uma organização ao seu mercado por meio da coleta de informações. As informações permitem a identificação e a definição

---

[58] KIM, W. C.; MAUBORGNE, R. A *estratégia do oceano azul:* como criar novos mercados e tornar a concorrência irrelevante. 20. ed. Rio de Janeiro: Elsevier, 2005. p. 10.

de oportunidades e problemas de mercado, além da geração, do refinamento e da avaliação de ações de marketing"[59].

- **salarial**: ação ou resultado concernente à coleta e registro de informações dos salários e outras vantagens concedidas pelas organizações. Coletados os dados, realiza-se os seguintes procedimentos: tratamento estatístico; informação dos resultados às empresas participantes; revisão das recompensas, segundo a política adotada.

Posicionamento do produto: ação ou estado destinados a executar programas de marketing, entre eles, por uso (aplicação do produto), por usuário (grupo de adquirentes), por concorrência (marcas concorrentes), por tipo (setor de atividade), por qualidade (atributos do produto), por preço (contrapartida financeira que o adquirente está disposto a dar), por valor (benefícios esperados versus custos de aquisição).

Postura organizacional: modo recorrente de agir no tratamento das oportunidades e ameaças do ambiente externo, bem como para lidar com as forças e vulnerabilidades internas.

Potencial de lucratividade: possibilidade de obtenção de lucro e resulta do modelo de negócio que a organização adota.

Preço: símbolo monetário aplicado a um bem pela parte que o possui, seja um produtor ou um revendedor, para que, mediante pagamento, o interessado possa adquiri-lo.

Princípios de negociação: preceitos que orientam as ações destinadas à obtenção de acordos que criem ou recriem situações.

Processo do atendimento: etapas que consistem na satisfação de necessidades, desejos e expectativa, em especial da pessoa atendida.

Produto

- **definição**: algo que possui atributos que resultaram de ações executadas — por seres ou pela natureza — e que beneficiam ou prejudicam os adquirentes ou usuários.
- **distintivo**: o que contém atributos que liberam benefícios distintos de seus similares.
- **que inova valor**: o resultante da congregação de foco, singularidade e mensagem consistente. O que é relevante e distintivo. O que agrega valor à inovação.

---

[59] HAIR Jr., J.; WOLFINBARGER, M.; ORTINAU, D. J.; BUSH, R. P. *Fundamentos da Pesquisa de Marketing*. Porto Alegre: Bookman, 2010. p. 378.

- **relevante**: o que é necessário, desejado e atende às expectativas do público a que se destina.

Promoção de vendas: incentivos para influenciar as decisões de interessados.

Propaganda

- **abusiva**: conteúdo que induz a audiência a adquirir produtos com base em medo, preconceito, estímulo à violência etc.
- **boca a boca**: divulgação espontânea e gratuita em que os próprios adquirentes expressam seus níveis de satisfação com o bem adquirido.
- **definição**: disseminação persuasiva da mensagem.
- **enganosa**: conteúdo da mensagem que não condiz com o bem disponibilizado ou com seus consectários.
- **explícita**: demonstra claramente os elementos persuasivos.
- **subliminar**: uso de técnicas que não ultrapassam o limiar da consciência, mas induz, sutilmente, a audiência a atender ao apelo da mensagem.

Proposta de valor total: conjunto de variáveis, como: qualidade, preço, prazo de entrega, prazo de pagamento, custo que o adquirente tem para adquirir o bem.

Reclamação: constitui — em termos metafóricos — um remédio amargo que é desconfortável para ingeri-lo, mas seu efeito pode ser gratificante (curar).

Recompensas do trabalho

- **benefício**: vantagem concedida por empresas aos seus laborais, por exemplo, plano de saúde, colônia de férias, carro para uso particular, com motorista, pagamento de mensalidades escolares etc.
- **fator**: conjunto de variáveis que concernem à reciprocidade da organização aos esforços emitidos pelos laborais.
- **psicológicas**: estímulos mentais orientados à satisfação das necessidades, desejos e expectativas.
- **variáveis financeiras**: cada elemento concernente a dinheiro, como, salário mensal fixo, salário horário fixo, salário fixo mais comissão, salário fixo mais certo valor por produção.

Recursos organizacionais: fontes de capacidade, algumas das quais levam ao desenvolvimento de competências essenciais da empresa[60].

Relações públicas: ações permanentes destinadas a comunicar e proteger a identidade da organização perante a comunidade, em especial, transmitindo imagem positiva.

---

[60] HITT, M. A., 2005.

Rightsizing: procedimentos cuidadosos e proativos de reestruturação organizacional, mormente objetivando fortalecer a competitividade da organização.

Segmentação de mercado: divisão de adquirentes em subconjuntos distintos, ou segmentos, permitindo a uma empresa ajustar seus programas de marketing de modo mais apropriado aos adquirentes de cada segmento[61].

Sensibilidade a preço: disposição para pagar ou não determinado preço por certo produto.

Serviço: conjunto de ações ministradas por um ser ou por uma organização em um objeto ou em outro ser — com ou sem a utilização de bens físicos durante o processo — cujas ações têm a finalidade de proporcionar benefícios.

Setor da economia

- **definição:** parte do conjunto de pessoas ou organizações que desenvolvem atividades produtivas. Existem três setores: primário, secundário; terciário.
- **primário:** ramo de atividade produtiva vinculado ao desenvolvimento da agricultura, pecuária e ao extrativismo (vegetal, animal e mineral). Esse setor produz matéria-prima para o abastecimento das indústrias[62].
- **secundário:** consiste no sistema industrial, enquadrando a produção de máquinas e equipamentos, produção de bens de consumo, construção civil e geração de energia. Neste caso, o setor em questão atua no processamento da produção do setor primário, além de promover a distribuição dos produtos em forma de atacado[63].
- **terciário:** concerne à prestação de serviços e comércio em geral.

Simetria em atendimento comercial: consonância da declaração com a prática e desta com o conceito de atendimento bem qualificado. Em outras palavras, práticas que encontram correspondências em forma, tamanho e significado nos contextos da declaração e da conceituação.

Sistema de distribuição

- **coordenado:** modalidade de sistema de marketing vertical que se caracteriza pela influência de um membro de canal nos sucessivos estágios de produção e distribuição.
- **por parceria:** integração de esforços entre firmas independentes para, por meio de contratos, distribuir bens de forma cooperada, visando compartilhar

---

[61] HAGLE, T. T.; HOLDEN, R. K. *Estratégia e tática de preços:* um guia para decisões lucrativas. Trad. E. P. Z. Brito. 3. ed. São Paulo: Pearson, 2003. p. 217.
[62] Adaptado de definição emitida por Brasil Escola. *Setores da economia.* Disponível em: <https://brasilescola.uol.com.br/geografia/setores-economia.htm>. Acesso em: 23 set. 2018.
[63] Idem.

ganhos, penetrar de forma ampla no mercado, obter economia de escala e rapidez na distribuição.

Sistema vertical corporativo: modo em que a organização efetua todas as etapas do processo mercadológico — produção, distribuição e comunicação.

Slogan: frase curta que sugere ao consumidor associá-la ao produto e deste construir memória.

Taxonomia bidimensional de tratamento de conflitos: modelo que consiste em duas dimensões — assertividade e transigência — em que figuram cinco modos de lidar com conflitos: competição, concessão, evasão, integração, conciliação.

Técnica de negociação: conjunto de ferramentas — aplicado nas fases do processo negocial — destinado a facilitar o alcance de um ou mais objetivos.

Tolher a automotivação: recompensar de maneira condicional, isto é, condicionar a pessoa a emitir determinada ação para receber determinada recompensa.

Tratamento de dúvidas: ato em que o atendente se coloca à disposição do atendido para elucidar pontos fundamentais à consecução dos objetivos do atendimento.

Venda

- **bem-sucedida**: a que inicia o processo de transformação de um adquirente em cliente ou a que mantém o cliente.
- **casada**: condicionar a compra de um bem à aquisição de outro, por exemplo, obrigar ao comprador a adquirir um seguro na compra de um automóvel.
- **direta**: esforço produzido pelo corpo de vendas que labora em certa firma — que produz ou comercializa bens —, orientado para o atendimento dos interesses de interessados.
- **indireta**: oferta de produtos por representantes de vendas e outros intermediários externos.

Viral marketing (marketing viral): método de promoção de produto que se baseia em influenciar clientes a disseminarem uma ideia ou produto por conta própria, contando a seus amigos sobre isso por meios eletrônicos, como WhatsApp, Messenger, e-mail, Facebook etc.

Workshop: grupo de especialistas que debate exaustivamente uma questão e desenvolve atividades práticas.

WWW (*World Wide Web*): rede mundial de computadores.

Referências

CHAN, E. S. W.; WONG, S. C. L. Hotel selection: when price is not the issue. *Journal of Vacation Marketing*, 12 (2), 2006.

DEMING, W. E. *Out of the crisis*. New York: MIT Press, 1986.

DEMING, W. E. *The essential Deming*: leadership principles from the father of quality. Columbus: McGraw-Hill, 2013.

ENGEL, J.; BLACKWELL, F.; MINIARD, P. W. *Comportamento do Consumidor*. 9. ed. Rio de Janeiro: Thompson, 2005.

FURLONG, G. T. *The conflict resolution toolbox*: models and maps for analyzing, diagnosing and resolving conflict. Mississauga: John Wiley & Sons, 2005.

GARVIN, D. A. *Managing quality*: the strategic and competitive edge. New York: Simon & Schuster, 1988.

GRÖNROOS, C. *Marketing*: gerenciamento e serviços. 2. ed. Rio de Janeiro: Elsevier, 2004.

HAGLE, T. T.; HOLDEN, R. K. *Estratégia e tática de preços*: um guia para decisões lucrativas. Trad. E. P. Z. Brito. 3. ed. São Paulo: Pearson, 2003.

HAIR Jr., J.; WOLFINBARGER, M.; ORTINAU, D. J.; BUSH, R. P. *Fundamentos da Pesquisa de Marketing*. Porto Alegre: Bookman, 2010.

HALL, J. *Conflict management survey*: a self-assessment of your techniques for managing conflict. Houston: Telemetric International, 1969.

HITT, M. A.; IRELAND, R. D.; HOSKISSON, R. E. *Administração estratégica*: competitividade e globalização. São Paulo: Pioneira Thomson Learning, 2005.

KERIN, R. A.; HARTLEY, S. W.; BERKOWITZ E. N.; RUDELIUS, W. *Marketing*. 8. ed. São Paulo: Mc-Graw-Hill, 2007.

KIM, W. C.; MAUBORGNE, R. *A estratégia do oceano azul*: como criar novos mercados e tornar a concorrência irrelevante. 20. ed. Rio de Janeiro: Elsevier, 2005.

KOTLER, P. *Marketing para o século XXI*: como criar, conquistar e dominar mercados. Trad. C. Slak. São Paulo: Ediouro, 2009.

LOVELOCK, C.; WIRTZ, J. *Marketing de serviços*: pessoas, tecnologia e resultados. Trad. A. S. Marques. São Paulo: Pearson Prentice Hall, 2006.

MINTZBERG, H. *Managing*: desvendando o dia a dia da gestão. Trad. F. A. da Costa. Porto Alegre: Bookman, 2010.

PINTO, É. P. Insatisfação com sistemas organizacionais e repercussão no atendimento a clientes. *Comportamento Organizacional e Gestão*, 13 (2), p. 261-281, 2007.

PINTO, É. P. *Negociação orientada para resultados*: a conquista do entendimento através de critérios legítimos e objetivos. 2. ed. São Paulo: Atlas, 1994.

PINTO, É. P. *Relação entre características demográficas e estilos de tratamento de conflito*: um estudo envolvendo negociadores trabalhistas do setor jornalístico e de transportes aéreos dos Estados Unidos. Doutorado em Administração de Empresas da Escola de Administração de Empresas de São Paulo, Fundação Getúlio Vargas. São Paulo: 1995.

PINTO, É. P.; ABREU, A. A. S.; MESQUITA, J. M. C. The contributions of certain variables in determining room rates. *Australian Journal of Basic and Applied Sciences*, 9 (1), 2015.

PROJECT MANAGEMENT INSTITUTE. *Análise de negócios para profissionais*: um guia de práticas (Guia PMBOK). Trad. e rev. téc. R. V. Júnior. São Paulo: Saraiva, 2016.

RAHIM, M. A. *Rahim organizational conflict inventories*: professional manual. Palo Alto: Consulting Psychologists Press, 1983.

RESENDE, L. V. *O contexto e perfis característicos da mortalidade materna em Belo Horizonte (MG)*, 2003 - 2010. Doutorado em Demografia do Centro de Desenvolvimento e Planejamento Regional (Cedeplar), da Faculdade de Ciências Econômicas, Universidade Federal de Minas Gerais. Belo Horizonte: 2013.

THOMAS, K. W.; KILMANN, R. D. *The Thomas - Kilmann conflict mode instrument*. Tuxedo: Xicom, 1974.

Apêndice 1
Súmulas de Casos Reais de Atendimento

Objetivo

Revelar falhas organizacionais e que, por isso, constituem oportunidade de aprendizagem tanto para as organizações que as cometeram quanto para você que, a propósito, tem o privilégio de aprender com falhas de alheios a "custo" zero.

Estrutura

Súmulas de casos conduzidos por empresas de prestação de serviços.

1. Incompatibilidade entre informações emitidas, por uma empresa de aplicativo de mobilidade urbana, e a realidade observada pelo reclamante.
2. Incompatibilidade entre preços anunciados e valores cobrados por uma empresa de telecomunicações.
3. Aborrecimentos após a compra de um pacote antivírus, ofertado por uma produtora de softwares de segurança para Internet.
4. Descumprimentos de acordos, por uma empresa de conteúdo, tecnologia, serviços e meios de pagamento.
5. Informações distorcidas na venda de um plano de telecomunicações e obstáculos colocados na rescisão do contrato.
6. Negligência na prestação de serviços contábeis e rconsequências
7. Obstáculos colocados por imobiliárias, em um processo de locação residencial.
8. Mortes maternas oriundas de negligências em atendimentos a gestantes.
9. Atendimento satisfatório, prestado por uma imobiliária.
10. Atendimento satisfatório, prestado por uma agência central dos correios.
11. Atendimentos precários, prestados por unidades do Detran.

Súmulas de casos conduzidos por empresas industriais.

1. Movimento contra a propaganda de refrigerante que omitiu informações essenciais à saúde.
2. Omissão de informações em propaganda de televisores.
3. Ausência de reciprocidade, por uma empresa, na divulgação gratuita de sua marca.

Súmulas de Casos de Atendimentos Conduzidos por Empresas de Serviços

Este caso elucida a necessidade da atenção dos gestores aos atendimentos prestados pelo pessoal da linha de frente e a importância de ações ativas por parte dos consumidores que se sentem prejudicados.

Certo consumidor — doravante C — constatou que uma empresa de aplicativo de transporte urbano — doravante App — havia debitado três valores indevidos em sua conta de cartão de crédito.

C telefonou para o Serviço de Atendimento ao Cliente (SAC), da App, e notificou a ocorrência. O atendente da App pediu-lhe a conta de e-mail e, enquanto falavam, enviou uma mensagem para que C preenchesse alguns dados e anexasse as fotos dos débitos. C realizou os procedimentos como solicitados, pediu o reembolso do montante cobrado indevidamente e o bloqueio de qualquer tentativa futura de débito em seu cartão, uma vez que não usava os serviços da App.

No dia seguinte C recebeu uma mensagem, supostamente automática, anunciando a finalização do caso e pedindo para ele atribuir notas a algumas ações de atendimento.

Surpreso com a notícia, C entrou novamente em contato com o SAC, relatou o caso para o atendente que, em resposta, informou-lhe que a resposta automática não significava necessariamente a finalização do caso, visto que o pedido de reembolso fora encaminhado ao setor financeiro. C agradeceu a informação e pediu o número do protocolo, mas o som do telefone começou a ficar cada vez mais baixo de forma que ele não conseguia compreendê-lo, assim, pareceu-lhe que naquele momento o atendente fazia ouvidos moucos. Diante dessa situação, C pediu que o número fosse enviado por e-mail, agradeceu a atenção e encerrou a ligação. Minutos depois, C recebeu uma mensagem, manifestando que as informações que enviara no dia anterior estavam "em branco" e que deveria reenviar o e-mail. Mesmo notando a incompatibilidade entre a informação oral e a escrita, C tentou reenviar o arquivo, mas o site continuava a informar que o caso estava finalizado.

Para vencer essa barreira, C decidiu convidar gestores da empresa App para participarem da sua rede de contatos do LinkedIn, visando pedir-lhes informações sobre o caso. Após a aceitação de dois pedidos, enviou mensagens aos novos contatos informando e questionando o caso. Um deles verificou o caso, providenciou o reembolso e bloqueou o número do cartão de crédito para evitar futuras fraudes.

Moral do caso: amplie a tua rede de contatos, especialmente para recorrer a pessoas que ocupam cargos na hierarquia superior quando seus subalternos não atendem às tuas solicitações.

Sumula 2 Incompatibilidade entre preços anunciados e valores cobrados

Este caso elucida a indispensabilidade de a organização prestar informações precisas.

Ao realizar uma pesquisa sobre preços de sinais de televisão a cabo, Internet e telefone, o interessado encontrou o seguinte anúncio promocional, exclusivo para compras pela Internet: "Pague R$ 89,80 nas 3 primeiras mensalidades, a partir do 4º mês R$ 139,70 já inclusos os R$ 49,90 da franquia do [...] fone...". Após decidir por contratar esse pacote, iniciou a compra por Internet e — após uma dúvida — ligou para a central de relacionamento com clientes. A atendente fez uma série de perguntas, especialmente sobre os produtos desejados, e disse que o valor do pacote para os três primeiros meses seria R$ 119,60, valor com o qual o assinante concordou. Após a conclusão da compra, a intuição do assinante o incomodou em termos de produtos e montante a pagar efetivamente registrados no sistema. Assim, enviou um e-mail pedindo informações, por escrito, sobre a compra registrada. A respondente do e-mail informou que o valor dos três produtos (sinais de televisão a cabo, Internet e telefone) seria R$ 149,70, já no primeiro mês. Essa afirmação contrariou o valor de R$ 119,60 informado pela vendedora da central de vendas. Destarte, o assinante telefonou, para discutir o assunto e a atendente disse que no montante de R$ 89,80 — anunciado na Internet —, relativo aos três primeiros meses, não estava incluso o valor da franquia do telefone. "Mesmo incluindo-se o valor da franquia do fone o montante não chega a R$ 149,70", contrapôs o assinante. A atendente respondeu ao argumento dele dizendo que o preço do pacote em compra por intermédio da central de vendas é superior ao cobrado em compra por Internet — isso faz sentido em razão de que a venda pessoal gera custos superiores à venda virtual.

Diante dessa revelação, o cliente explicou que havia ligado para a central de vendas apenas para pedir auxílio técnico na conclusão da compra por Internet, isto é, ele não ligara exclusivamente para comprar. No entanto, argumentou a atendente, como a venda foi registrada pela central de vendas, a compra por Internet ficou descaracterizada.

No frigir dos ovos, a central omitiu a informação de que se a compra fosse finalizada por uma atendente, o assinante pagaria um preço superior — omissões como essa levam clientes a colocar dúvidas concernentes ao exercício da honestidade em certos atendimentos.

Súmula 3 Aborrecimentos oriundos da assinatura de um pacote de antivírus

Após pesquisar ofertas de antivírus, certo depoente — doravante D — decidiu comprar um de uma empresa — doravante K — que prometia segurança total, mas ao acessar a página de compra, D verificou que a segurança total não incluía proteção à navegação, ou seja, o pacote de segurança total era vendido por certo preço, estabelecido para assinatura anual, e para a segurança durante as navegações, havia um custo adicional.

Embora discordando de que a expressão "segurança total" não incluía a segurança na navegação, D adquiriu ambos os produtos — segundo K, a segurança na navegação inclui proteção de "dados ao se conectar com redes públicas e (...) liberdade para se comunicar e acessar (...) sites e serviços favoritos, garantindo que todos os dados enviados e recebidos sejam criptografados e protegidos contra roubo ou rastreamento".

Passados 30 dias, D verificou o lançamento de determinado valor em seu cartão de crédito, adicional ao total que havia assumido na compra. Entrou em contato com o SAC e a atendente informou-lhe que se tratava do valor de proteção à navegação e que era cobrado mensalmente. D replicou dizendo que o site não informava que o valor seria cobrado mensalmente, mas nada adiantou replicar. Diante desse fato, D pediu a exclusão da assinatura desse produto (que protege a navegação) e houve reembolso.

No dia seguinte, D iniciou a elaboração de um texto sobre ética e de minuto a minuto uma mensagem acessava a tela de seu notebook, ou seja: "Não deseja ignorar os rastreios na Internet? Torne sua conexão segura...". Essa perturbação durou horas e horas, dias e dias, até que para se livrar dela e ter paz para escrever, D decidiu aceitar uma oferta de "experimentação" gratuita. Destarte, pergunta-se: mensagens como essa podem ser consideradas como saudáveis técnicas de comunicação ou venda? Podem ser consideradas eficientes, éticas? Cadê o respeito à liberdade de escolha? Em outras palavras, mensagens perturbadoras como essa são semelhantes ao disparo de um tiro no próprio pé.

Moral do caso: conquanto as ferramentas tecnológicas facilitam o trabalho dos usuários, o que em princípio parecia ser um "mar de rosas" no oceano das transações empresariais realizadas por Internet, atualmente, em muitos e muitos casos, está se tornando um pesadelo para compradores e clientes, resultando, assim, em prejuízos para as partes envolvidas. Destarte, a "esperteza" no uso da tecnologia está contaminando o relacionamento de muitas e muitas empresas com seu público-alvo urgindo, assim, uma revisão nos procedimentos, em especial, na comunicação. Em outras palavras, certas atitudes e comportamentos organizacionais têm características suicidarias.

Súmula 4 Descumprimentos de acordos

No início deste século, certa pessoa — doravante P — adquiriu uma assinatura particular de um produto de uma empresa de conteúdo, tecnologia, serviços e meios de pagamentos digitais — doravante U. Anos depois adquiriu, dessa mesma empresa, uma assinatura para hospedar o site de sua consultoria.

Em determinada época, P pagou a hospedagem anual em duplicidade. Ao verificar o lapso o relatou para um atendente do SAC e acordaram que o valor seria reembolsado. Passado o prazo, nenhum reembolso ocorrera. Novos contatos, novos acordos sucederam, mas todos foram descumpridos. Sabendo que o problema seria "empurrado com a barriga", P emitiu uma reclamação em um site especializado. Semanas depois ele atendeu a uma chamada telefônica, emitida por U, e um novo acordo foi estabelecido e confirmado por e-mail, com uma mensagem em que, inicialmente, U elogiou P, como se ela o conhecesse, pediu-lhe desculpas por não cumprirem os acordos anteriores, forneceu-lhe o protocolo da conversa, afirmou que a próxima trimestralidade não seria cobrada e solicitou-lhe reativar o contato após isso, para que fosse inserido um desconto de 30% nas duas trimestralidades seguintes. E, concluiu a mensagem afirmando que "Desde já fica registrado (sic) essa negociação e se precisar estarei aqui a sua disposição...".

Diante desse novo evento, P pensou: acordo por escrito, acordo cumprido. Vou descansar em paz. De fato, não houve isenção alguma e novas ligações, novas promessas, novos descumprimentos. Entretanto, alguns meses depois o preço de sua assinatura particular sofreu um aumento de mais de 30% — isso equivalia a 10 vezes o valor da inflação anual naquele momento. Por isso P decidiu encerrar ambas as assinaturas. Ligou para o SAC, informou a sua decisão e a atendente tentou convencê-lo a não desistir, por meio da técnica de indução do sentimento de perdas. Assim seguiu o diálogo.

— Veja bem, o senhor vai perder 20 megabits de espaço para armazenamento.
— Grato por me avisar, mas eu uso no máximo 5.
— O senhor vai perder o direito de usar as salas de bate-papo exclusivas para os clientes da (...).
— Obrigado, já as acessei algumas vezes, mas não gostei do teor da conversa, de fato, não acrescentaram qualquer conteúdo útil à minha vida.
— O senhor vai perder o direito de ler conteúdo exclusivo aos assinantes.
— Mais uma vez, grato, mas a Internet dispõe, gratuitamente, de extenso volume de conteúdo.

Concluído o ciclo de afirmações, U o reiniciou fazendo ouvidos moucos para as manifestações de P: não como a recomendação emitida pelo polêmico psicanalista francês Jacques Lacan, mas em uma tentativa de provar a inteligência e a paciência de U — Lacan recomenda fazer ouvidos moucos, para não se correr o risco de ouvir asneiras, não se envolver com o que se ouve e não se aborrecer com isso.

Depois de ouvir as mesmas frases por aproximadamente três a quatro vezes, P inverteu os papéis, ou seja, passou a fazer ouvidos moucos. Após aproximadamente a centésima nonagésima repetição da ladainha, P perdeu a paciência e bradou em alto e bom som:

— Forneça-me o número do protocolo ou irei pedi-lo para o seu chefe, para a Anatel e quiçá para a...

Instantânea e reativamente, U informou o número do protocolo e ainda ousou dizer:

— Se o senhor se arrepender, ligue para nós e daremos um desconto...

Moral do caso: pergunta que não quer calar: cadê a prática da ética que se ensina? Ou seja, muitos estudantes repetem conceitos de ética em processos avaliativos, mas não os aprendem. Em outras palavras, não os incorporaram em suas práticas cotidianas. Mais uma pergunta que não quer calar: de quem é a responsabilidade pelos deslizes éticos no relacionamento da organização com o público externo (mormente com os clientes), ou seja, dos gestores ou dos agressores? Enquanto você pensa, eu respondo. A meu ver os agressores respondem pelas atitudes e comportamentos não condizentes com os valores aceitos como fundamentais aos bons costumes, em especial se a organização cultiva esses valores, mas se a organização não os cultiva ou se os gestores não orientam os geridos, eles (os gestores) são os principais responsáveis. Por exemplo, tudo indica que o insistente atendente da empresa U tenha sido treinado para evitar a perda de clientes, a qualquer custo. Assim, o fato de ele perturbar o cliente não é um deslize próprio, mas da U que o treinou para proceder desse modo.

Súmula 5 Informações distorcidas na venda de um plano e obstáculos colocados na rescisão do contrato

O depoente — destarte D — afirmou que procurou uma loja de uma operadora de serviços de telecomunicação — destarte C —, visando adquirir um plano para seu telefone móvel.

Ao iniciar o atendimento, a atendente perguntou para D qual dos produtos ele desejava e, após ser informada, mencionou vários planos e perguntou para D qual lhe interessava, sem sequer indagar a sua necessidade para propor o plano adequado. Diante da lista de planos, D adquiriu um pré-pago denominado Controle Fácil, de 3GB.

Logo no início da ativação da linha D percebeu que o plano não atendia aos seus objetivos. Assim, voltou à loja e perguntou à atendente qual seria a melhor maneira de adquirir mais 2GB. A atendente informou-lhe que a única forma seria assinar um plano pós-pago com celular, visto que, segundo ela, o plano Controle Fácil seria apropriado apenas para navegar na Internet. Perplexo, D disse que a informação estava equivocada, pois estava utilizando o plano tanto em navegações na Internet quanto em ligações telefônicas e acrescentou que possuia dois celulares e não precisava de mais — segundo D, seria impossível uma atendente de loja não saber o conteúdo do plano que vende e concluiu que ela estaria tentando enganá-lo para vender um plano com telefone.

No momento em que a atendente percebeu que D não estava desinformado dirigiu-se ao gerente da loja e susurrou em seu ouvido e o gerente respondeu, com voz audível à distância, que D poderia migrar para um plano pós de 5GB, sem a necessidade de adquirir um aparelho telefônico.

Em vez de manter o foco no problema, D preferiu transformá-lo em oporutnidade, ou seja, enviou uma correspondência ao Diretor de Suporte Comercial da empresa C — contando o fato, mas sem revelar nomes ou loja — e propôs-lhe o ministério de um curso de treinamento e desenvolvimento em atendimento, com base em um livro sobre o tema que havia lançado recentemente.

Sabe o que aconteceu depois dessa proposta? Nada! O diretor sequer agradeceu o exemplar autografado do livro que D enviou para ele juntamente com a proposta de curso.

Meses depois D cancelou o plano pelo site da empresa e dias após dias consultava o site para saber se a linha tinha sido desativada, mas ela continuava ativadíssima. Telefonou para o Call Center e solicitou informações. A atendente informou que a desativação dependeria de contato que C faria no prazo de 5 dias, a partir do pedido de cancelamento e que esses dias poderiam ser cobrados.

Discordando da possibilidade de cobrança — em razão de que a legislação permitia o cancelamento por site — D manifestou a questão para a ouvidoria. A ouvidoria enviou-lhe uma mensagem, por e-mail, demonstrando que o Call Center havia ligado para ele — nessa mensagem a ouvidoria se omitiu ou desconhecia os contatos que D realizara com o Call Center, ou seja, ele havia confirmado por telefone o pedido de desativação da linha que emitira pelo site. Adicionalmente, D havia reiterado o pedido em sua página constante do site da C.

D respondeu à mensagem comentando que havia adquirido um plano de outra Operadora e que substituíra o chip. Adicionalmente, indagou a razão de C não ter se manifestado por e-mail, uma vez que não conseguira o contato por telefone.

Moral do caso: você sabe o que aconteceu depois desse "festival" de atendimento, melhor, desatendimento? Nada a favor de D, tudo a favor de C, ou seja, ela cobrou centavo por centavo do período que sucedeu o pedido inicial de desativação, mesmo D não tendo utilizado o plano nesse período.

Súmula 6 Negligência na prestação de serviços contábeis e consequências

Certo acadêmico — doravante A — foi convidado por uma instituição da educação superior (IES), estabelecida em Belo Horizonte, MG, para laborar em seu programa de mestrado em administração.

Ao falar sobre a forma contratual de admissão, o gestor principal da IES informou-lhe que os pagamentos mensais seriam mediante nota fiscal, com o que A concordou, e pediu ao gestor para indicar uma empresa de contabilidade, para proceder a abertura e gestão contábil de sua virtual empresa. Ao receber a informação dirigiu-se ao escritório da empresa indicada — doravante CC — e juntamente com o proprietário realizaram a abertura da empresa Intelecto Consultoria — doravante IC.

Poucos meses depois do início do trabalho, a IES começou a atrasar o pagamento dos "salários" — inicialmente em aproximadamente 30 dias, depois 60 dias ou mais. Por isso, A iniciou a procura de nova colocação e foi admitido para trabalhar no programa de mestrado em administração de uma IES estabelecida em Salvador, BA, sendo que inicialmente o contrato seria estabelecido no modelo de prestação de serviços e dois meses depois no modelo das Consolidações das Leis do Trabalho.

Tendo-se em vista que A estava orientando alguns discentes do curso de mestrado da IES mineira, ele propôs e obteve aceitação para continuar as orientações e essa condição durou aproximadamente 12 meses, por isso ele manteve a IC aberta.

Cessadas as orientações, A solicitou para CC encerrar a sua empresa, assinou e enviou a documentação necessária e transferiu o dinheiro para o pagamento dos impostos e dos honorários cobrados. Em virtude da correria cotidiana, A esqueceu de pedir os documentos de encerramento da IC.

Alguns anos depois, A decidiu abrir uma nova empresa como microempreendedor individual (MEI) e ao realizar os procedimentos iniciais, o portal da Secretária da Fazenda negou a abertura informando que A era proprietário de uma empresa e, portanto, não poderia abrir outra, como MEI, por isso A foi até uma unidade da Receita, para saber que empresa era essa e descobriu que CC não havia pedido a baixa da IC.

Emitiu uma chamada telefônica e perguntou ao contador a razão de ele não ter encerrado a IC e ele disse que iria realizar um levantamento para apurar a situação e prometeu entrar em contato.

Passados dias e dias, semanas e semanas, o contador não cumpriu a sua palavra, por isso A ligou novamente para CC e a atendente pediu um instante para transferir a ligação. Em seu retorno, a atendente informou que o contador estaria viajando. Novas ligações foram emitidas e esse tipo de resposta tornou-se recorrente.

Tendo-se em vista que o tal contador não retornava de sua "viagem" e não se manifestava, A emitiu uma reclamação em um site especializado, grafando o seguinte conteúdo:

> ...Apenas para apresentar um flash do descaso, em 16 de outubro de 2010, o escritório contábil CC recebeu uma procuração do responsável pela Intelecto Consultoria para representá-lo perante os órgãos públicos, em especial perante a Receita Federal, visando realizar os procedimentos fiscais necessários para a inativação e encerramento da empresa IC, no entanto, a CC não tomou qualquer providência. Anos a fio, este reclamante tem solicitado solução, tanto por telefone, quanto por mensagem eletrônica, mas CC não responde às solicitações (...) Como resultado dessas negligências, multas e multas estão sendo anualmente aplicadas pela Receita Federal, resultando no registro do nome do proprietário da Intelecto e de sua sócia na dívida ativa da União. Destarte, solicito ao site Reclame Aqui apresentar esta queixa para CC, para que ela encerre as atividades da IC, pague as multas e peça a retirada dos nomes dos sócios, da Dívida Ativa da União.

Sabe o que aconteceu depois dessa reclamação? Nada!

Moral do caso: há pessoas que só atendem bem quando estão obtendo vantagens financeiras, mas quando suas finanças correm riscos elas se portam como desconhecidas, inimigas, independentemente de os riscos terem se originado por suas próprias falhas.

Súmula 7 Obstáculos colocados por imobiliárias, em um processo de locação residencial

Esta sinopse revela um evento de locação bem-sucedida e três episódios em que o atendimento foi precário, relativos à procura por um imóvel para locação.

Segundo o depoente, após a vistoria de um imóvel, o atendente da imobiliária que administrava essa locação entregou-lhe uma relação de documentos

para que ele os providenciasse e os entregasse para uma empresa terceirizada —
que faria a análise de seu cadastro — e o orientou a entrar previamente em contato com o responsável por essa organização, para que combinassem o preço
desse serviço. Destarte, o interessado enviou um e-mail para essa empresa, perguntando o preço do serviço da análise cadastral e o respondente informou que
ele deveria efetuar uma ligação telefônica e falar com a pessoa "X".

Ao entrar em contato, o interessado informou o motivo da ligação e o atendente perguntou o endereço eletrônico através do qual a mensagem de consulta
fora enviada. Prontamente o depoente prestou a informação. Mediante o não
entendimento do atendente, o interessado repetiu o endereço eletrônico por
duas vezes. Persistindo o não entendimento, soletrou o endereço duas vezes,
mesmo assim, o atendente não o compreendeu plenamente. Diante dessa situação embaraçosa, o interessado agradeceu a atenção do atendente, mas desistiu
da locação do imóvel desejado.

No dia seguinte, o depoente continuou sua pesquisa e certa corretora de
imóvel o levou a visitar um imóvel próximo à imobiliária em que se encontravam.
Diante da manifestação de interesse, a corretora disse ao depoente que entraria
em contato com a proprietária, para saber se o imóvel ainda estava disponível
para locação. Mediante essa informação, o interessado perguntou se a imobiliária
tinha exclusividade na administração do imóvel. A corretora respondeu que sim,
mas que por prudência iria certificar-se se a proprietária ainda mantinha o interesse em locar o imóvel e pediu para o depoente aguardar até o dia seguinte.
Não recebendo notícia, o depoente acessou o site da imobiliária e não encontrou
o registro do imóvel. Por isso, enviou um e-mail perguntando se a imobiliária
estava realmente gerindo a locação do imóvel. No entanto, não houve resposta
para o e-mail ou qualquer manifestação da imobiliária durante vários dias. Destarte, o interessado desistiu dessa locação.

Em consulta eletrônica a um site de outra imobiliária, o depoente identificou
um imóvel que ele considerou impecável para locação. Por isso, marcou uma visita ao imóvel a ser realizada no dia seguinte, pois teria de viajar cerca de setenta
quilômetros de distância. Ao chegar no local combinado, a corretora apresentou
um imóvel distinto do anunciado. Perguntando o motivo, a corretora lhe disse
que o imóvel desejado já estava com um pedido de reserva, isto é, certa pessoa
já havia entregue a documentação para análise. O depoente ficou surpreso por
não ter sido avisado antes de sua viagem, se sentiu enganado e desistiu de realizar negócio com essa imobiliária — por óbvio, a descaracterizou para futuras demandas. Nesse diapasão, recomenda-se atenção pontual às demandas dos clientes, no caso, a corretora deveria ter ligado para ele no momento em que recebeu
outra proposta.

Moral dos casos: nos três eventos relatados houve perda de negócios por atendimentos insatisfatórios. No primeiro caso, ressalta aos olhos a incapacidade de atendimento da empresa de análise cadastral. Por isso, antes de escolher uma empresa terceirizada para parceria, é fundamental investigar a capacidade de atendimento dessa empresa. No segundo caso, a falta de registro do imóvel no site e a alegação feita pela corretora de que teve dificuldade de contato com a proprietária tornaram a capacidade de gestão da imobiliária questionável. No terceiro caso, a informação intempestiva de que o imóvel já estava sendo pleiteado por outra pessoa, tornou o atendimento obscuro e embaçou a imagem da imobiliária.

Súmula 8 Mortes maternas oriundas de negligências em atendimentos a gestantes

A partir de investigação realizada por meio do banco de dados do Comitê de Investigação do Óbito Infantil, Fetal e Materno da Secretaria Municipal de Saúde de Belo Horizonte - MG, uma pesquisadora constatou que houve 137 mortes maternas no período de 2003 a 2010 e indícios de que a maioria esmagadora delas poderia ter sido evitada[64] — desse volume de óbitos evitáveis, 86 seriam evitáveis, oito provavelmente evitáveis[65]. Segundo a pesquisadora, ela chegou a essa conclusão após entrevistas com familiares e parentes das vítimas que apontaram falhas em atendimentos desde o pré-natal até o pós-parto, tanto em maternidades do setor público quanto privado.

Os dados permitem afirmar que 68,6% (86+8/137) das pessoas falecidas poderiam estar convivendo com as suas famílias se os gestores hospitalares e suas equipes demonstrassem mais de amor à profissão, ao conhecimento e à vida; em outras palavras, prestassem um bom atendimento.

No ano mais recente da investigação (2010) houve, na capital mineira, 64 mortes por 100 mil nascidos vivos. Tendo-se em vista que a Organização Mundial de Saúde estabelece ser aceitável 20 mortes maternas por 100 mil crianças nascidas vivas, em 2010, as ocorrências foram mais de três vezes que o índice aceitável. O estudo revela, ainda, que nesse ano houve 56 mortes em média no Brasil. Portanto, o país conviveu com falecimentos quase três vezes a mais que o nível aceitável e a capital mineira acima de três vezes.

---

[64] Segundo a pesquisadora, a definição de morte materna contempla o período desde o início da gestação até 42 dias após o parto, por motivos relacionados à gravidez.

[65] RESENDE, L. V. *O contexto e perfis característicos da mortalidade materna em Belo Horizonte (MG), 2003 - 2010*. Doutorado em Demografia do Centro de Desenvolvimento e Planejamento Regional (Cedeplar), da Faculdade de Ciências Econômicas, Universidade Federal de Minas Gerais. Belo Horizonte: 2013.

Moral do caso: se por um lado supõe-se que os gestores públicos encetam e mantém esforços para dar aos necessitados mais acesso à saúde, por outro, segundo os dados, a qualidade do atendimento está insatisfatória no contexto da população investigada e requer melhoria. Destarte, há singular oportunidade aos legisladores de estabelecerem leis e, aos funcionários públicos, de realizarem atendimentos que atendam às necessidades de gestação — em outras palavras, amor ao próximo, amor à vida.

Súmula 9 Atendimento satisfatório, prestado por uma imobiliária

Em pesquisa a um canal digital, o depoente identificou um imóvel que atendia aos seus interesses e entrou em contado com a proprietária que, gentilmente, recomendou-lhe dirigir-se à empresa Silva Santos Empreendimentos Imobiliários Ltda., localizada em Santos, SP, para retirar as chaves e visitar o imóvel.

Ao chegar nessa imobiliária, o interessado foi informado de que as visitas estavam suspensas naquela semana. Indagou o motivo e, cordialmente, a atendente informou-lhe que, em anos passados, certas pessoas simulavam interesse em locação temporária, retiravam as chaves, extraiam cópias e devolviam as chaves originais. De posse das cópias, ocupavam os imóveis, de forma fraudulenta, em períodos de temporada, especialmente entre o natal e o réveillon.

Sabendo o motivo, o interessado pediu para a atendente acessar a um site de busca e consultar seu nome, para certificar-se de que ele seria pessoa idônea. Realizada a consulta e constatado o perfil do interessado, a atendente liberou as chaves, o interessado visitou o imóvel, o aprovou e a locação fora concretizada dias depois.

Súmula 10 Atendimento satisfatório, prestado por uma agência central dos correios

Certa ocasião um locatário enviou um telegrama — com solicitação de cópia e recebimento — para a imobiliária responsável pela gestão do imóvel que ele locava. Nessa mensagem ele questionou o descumprimento de algumas cláusulas do contrato de locação.

Passados vários e vários dias, a cópia e a manifestação de recebimento requeridas não tinham chegado. Assim, procurou a Agência Central dos Correios de Cabo Frio, onde residia, e perguntou a razão da não entrega desses documentos. De forma rápida e objetiva, o atendente o orientou a solicitar os documentos pelo site.

Nesse atendimento, o atendido estava despachando livros de sua autoria e o atendente estava precificando o despacho como se fosse de objetos comuns. O atendido mencionou que em outras ocasiões os preços cobrados foram inferiores. O atendente do guichê ao lado estava acompanhando a conversa e prontamente instruiu-lhe e uma atendente que estava em um guichê um pouco mais distante complementou a instrução. Todos agiram de maneira rápida, gentil e eficiente demonstrando, assim, que uma instituição pública pode atender de forma primorosa, conquanto haja inúmeras reclamações sobre serviços públicos.

Súmula 11 Atendimentos precários, prestados por unidades do Detran

Esta súmula de caso revela descasos no atendimento a um motorista — doravante M — que estava em processo de transferência e renovação de sua Carteira Nacional de Habilitação (CNH), por um Detran estabelecido em uma capital e a falta de comunicação entre essa unidade e outra estabelecida na capital de outro Estado.

M relatou que se dirigiu à uma unidade do Detran, na localidade onde passou a residir, para solicitar a transferência de seu prontuário da CNH que estava arquivado em unidade de capital distinta. Realizados os procedimentos, a atendente — funcionária de empresa terceirizada — orientou o atendido a retornar em dez dias para se certificar da transferência e realizar os procedimentos finais — coleta de digitais, foto, assinatura etc.

Ao retornar na data combinada, M foi informado de que o prontuário não havia chegado e nova data foi marcada. Ao retornar na data aprazada, M foi informado de que deveria retornar em outra data. Ao comparecer nessa nova data, finalmente, o dito prontuário havia chegado. Questionado o fato — ao Diretor do Departamento de CNH —, M foi informado de que o Detran do Estado de origem não se comunica online com o Detran de destino e que, por isso, certos pedidos de transferência chegam a demorar seis meses.

Visto que a validade da CNH havia expirado, M foi encaminhado para exame médico e, após a realização, entregou o resultado ao setor competente, juntamente com os demais documentos solicitados. Nessa ocasião foi-lhe oferecida a opção de receber a CNH em residência — mediante pagamento de uma taxa — ou retirá-la pessoalmente sem custo. Optando por retirá-la, M retornou na data aprazada, mas foi informado de que o documento não estava pronto. Em nova data marcada, M retornou para retirar a sua tão necessitada CNH e foi informado de que precisaria realizar a prova de direção defensiva, primeiros socorros e legislação de trânsito — por óbvio, ele não gostou de receber essa informação nesse momento, visto que se tivesse sido informado quando pediu a renovação teria economizado tempo. No entanto, ao consultar o site desse Detran, M verificou que ele estaria desobrigado a realizar tal exame, visto que a última renovação de sua CNH fora realizada em data que o dispensaria de novos exames. Retornou ao Detran, questionou a necessidade e foi informado de que a obrigação decorria do motivo de que o Detran de origem não anotara a realização dessas provas em seu prontuário e que se quisesse poderia questionar o Detran de origem.

Tendo-se em vista que a sua CNH estava vencida e que o processo seria delongado, D realizou o exame, com sucesso, e dirigiu-se ao encaminhamento para saber onde entregaria o comprovante da aprovação. A atendeu lhe deu uma senha. Quando foi chamado para atendimento, entregou o comprovante de aprovação, mas a atendente disse que o atendimento não seria prestado por ela. Retornando ao guichê de triagem, a atendente inicial disse que seria, sim, naquela seção. Retornando, à seção e falando com a mesma atendente, ela o encaminhou para uma segunda, que também alegou que não seria com ela e o encaminhou para uma terceira atendente e, aleluia, finalmente seu comprovante de aprovação foi recebido — M observou que diversos motoristas estavam reclamando dos atendimentos que receberam, infelizmente.

Moral do caso: em várias repartições públicas, o atendimento ao cidadão é de qualidade inferior ao que poderia ser, em especial quando terceirizam serviços. O caso revela barreira na comunicação entre unidades do Detran, assim, resta-lhes a oportunidade de estreitarem seus relacionamentos e, mormente, reverem as suas políticas de contratação de empresas terceirizadas ou proverem programas de aculturamento aos funcionários dessas terceirizadas — no caso, a palavra aculturamento significa atendimento atencioso, preciso e gentil.

Súmulas de Casos de Atendimentos Conduzidos por Empresas Industriais

Súmula 1 Movimento contra a propaganda de refrigerante que omitiu informações essenciais à saúde

Tempos passados a sociedade tinha escassa consciência sobre os males à saúde causados por certos ingredientes utilizados na produção de alimentos industrializados. Seus fabricantes usavam e abusavam desses ingredientes e divulgavam os produtos acabados, ocultando os males.

Um vídeo produzido em um hospital de Denver (Estados Unidos) explica os perigos das doses de adoçantes inseridas em refrigerantes. Essa elucidação foi criada a partir de uma paródia à publicidade lançada em 1971 por uma empresa que é líder mundial na fabricação e vendas de refrigerantes. Essa campanha foi considerada uma das mais populares da história da empresa[66].

A letra modificada e cantada por profissionais da saúde e por doentes — que sofrem de diabetes, doenças cardíacas, obesidade e afins — protesta contra as doses de açúcares adicionados em bebidas. A letra da paródia inclui frases, como: "Eu gostaria de servir uma bebida ao mundo que não cause tanta doença. [...] se não costumasse beber refrigerante tão docinho meu fígado poderia não estar tão aumentado [...] eu seria menos obeso, não teria diabete do tipo 2. Por favor, beba menos refrigerante..."[67].

É ilustrativo o comentário do diretor-executivo do Centro para a Ciência de Interesse Público (CSPI), Michael F. Jacobson:

> "Nos últimos 45 anos, a [...] e outros fabricantes de bebidas com açúcar têm usado as mais sofisticadas técnicas de publicidade e de manipulação para convencer crianças e adultos de que uma bebida perigosa para a saúde os deixaria alegres e traria bem-estar pessoal. É uma campanha de lavagem cerebral de vários bilhões de dólares, feita para nos distrair de preocupações como a diabetes, com pensamentos felizes. Nós pensamos que seria hora de mudar essa sintonia."[68]

Figura A.1 – Imagem de pessoas que gravaram a canção-paródia à uma publicidade lançada em 1971

[66] COCA-COLA TELEVISION ADVERTISING HOME PAGE. *The "Hilltop" ad*: the story of a commercial. Disponível em: <http://memory.loc.gov/ammem/ccmphtml/colaadv.html>. Acesso em: 8 set. 2016.

[67] IDEC - INSTITUTO BRASILEIRO DE DEFESA DO CONSUMIDOR. *Vídeo alerta sobre perigo de refrigerantes com paródia de comercial da Coca-Cola*, 2015. Disponível em: <http://www.idec.org.br/em-acao/em-foco/video-alerta-sobre-perigo-de-refrigerantes-com-parodia-de-comercial-da-coca-cola>. Acesso em: 29 ago. 2018.

[68] IDEC - INSTITUTO BRASILEIRO DE DEFESA DO CONSUMIDOR, 2015.

Fonte: ABC 13 EYEWITNESS NEWS. *Powerful Coca - Cola commercial parody highlights health risks of sugary drinks*, 2015. Disponível em: <http://abc13.com/health/coca-colaad-parody-by-diabetes-patients-goes-viral/805121/>. Acesso em: 29 ago. 2018.

Moral do caso: é indispensável à organização produzir bens cujos atributos estejam em consonância com a saúde do consumidor.

Súmula 2 Omissão de informações em propagandas de televisores

Mediante denúncia feita pelo Ministério da Justiça do Rio de Janeiro, peritos designados pelo Departamento de Proteção e Defesa do Consumidor (Procon) investigaram, a partir de 2006, a qualidade de televisores de plasma fabricados por sete produtores, classificados dentre os maiores do território nacional. Os peritos constataram que nas propagandas veiculadas as empresas denunciadas prestaram informações pouco claras sobre a qualidade de imagem e deixaram de dizer que existia a possibilidade de ocorrer "manchas na tela em caso de utilização ininterrupta durante um longo período — fenômeno chamado de *"burn in"*. O montante das multas aos fabricantes girou em torno de R$ 5.000.000,00.

Um diretor do Departamento de Proteção e Defesa do Consumidor explicou que "O mercado de consumo maduro pressupõe que as relações de consumo sejam pautadas pela boa-fé, transparência, lealdade e respeito ao consumidor. É dever do fornecedor garantir a informação clara e ostensiva sobre dos produtos e serviços que comercializa"[69]. Essas palavras confrontadas com as propagandas enganosas emitidas por esses fabricantes exprimem com acuidade a dissonância entre as atitudes desejadas e a realidade que reiteradamente se constata.

---

[69] O GLOBO ECONOMIA. DEFESA DO CONSUMIDOR. *Ministério da Justiça aplica multa de R$ 5 milhões em fabricantes de televisores*, 2012. Disponível em: <http://oglobo.globo.com/economia/defesa-do-consumidor/ministerio-da-justica-aplicamulta-de-5-milhoes-em-fabricantes-de-televisores-6475528>. Acesso em: 29 ago. 2018.

Moral do caso: ressalta aos olhos de qualquer cidadão comum, porém, com mais agudeza aos olhos dos estudiosos de marketing, que firmas, como essas, não seguem as doutas recomendações para campanhas publicitárias.

Súmula 3 Ausência de reciprocidade, por uma empresa, na divulgação gratuita de sua marca

Em certa ocasião um escritor — doravante EP — entrou em contato com a Gerente de Planejamento e Organização de uma produtora de vestuário, cujas fábricas principais estão estabelecidas em Santa Catarina, SC — doravante denominada H —, visando propor uma parceria na construção e divulgação da história da empresa em um livro que estava produzindo — tomou essa atitude visto que tinha uma relação mais que comercial com a empresa, ou seja, afetiva, visto que havia ministrado aulas e orientado a vários discentes que laboravam na H: inclusive havia apresentado em um congresso acadêmico nacional, em parceria com um gestor de unidade fabril da H, os resultados de uma pesquisa conduzida na própria H sobre os estilos de gestão que contribuem com a produtividade dessa empresa.

A empresa aceitou prontamente o convite emitido por EP, o caso foi construído a quatro, a seis ou mais mãos e constou da obra publicada. Mais; EP inseriu a logomarca H na segunda folha da obra e a presenteou com dois exemplares autografados.

Dias depois, EP enviou um exemplar autografado para a responsável por treinamento e desenvolvimento e colocou-se à disposição dela para colaborar com o desenvolvimento do atendimento nas lojas próprias e franqueadas da H — o livro tem o seguinte título: Arquitetura do atendimento comercial: atenda primorosamente para não se preocupar com fantasmas, como crises e concorrências.

Sabe o que aconteceu? Nada! Sequer houve uma resposta de agradecimento por receber o brinde.

Tempos depois, EP iniciou um projeto de ministério de palestras em associações comerciais e nesses eventos iria sortear três livros a cada 50 inscritos, assim, surgiu-lhe a ideia de convidar a H, para fazer promoção similar, mediante a seguinte mensagem:

> ...Caso a H quiser pensar em algo semelhante, tratar-se-á de um investimento irrisório, por exemplo, disponibilizar três camisetas com a logomarca H, para sorteio a cada 50 inscritos. Se gostar da ideia apenas me informe, pois isso será combinado entre os presidentes de associações comerciais e você.

Sabe o que aconteceu? Não!!! Então leia a resposta:

...temos uma verba para trabalhar com nossas ações e como estamos no exercício do ano, temos ações e projetos já planejados, não sendo possível incluir novas demandas. Sabemos da importância das propostas que recebemos, porém infelizmente não conseguimos atender todas as solicitações.

Na compilação da segunda edição desse livro, EP entrou novamente em contato com H. Nesse contato, noticiou a compilação da nova edição e perguntou se H estaria interessada em manter a logomarca ativa, assim H pediu para EP enviar uma proposta por escrito e ele a atendeu mediante a seguinte mensagem:

Estimada...! Inicialmente, grato por sua predisposição em conhecer a proposta de manutenção da marca H, na reedição da obra. Assim, vamos lá! (...) estou reescrevendo o livro, a partir um profundo *rightsizing* (modo correto e proativo de reestruturação) (...) O privilegiado espaço que será destinado à divulgação de marcas — na segunda página da futura obra —, está reservado para as empresas que vencerem um processo de licitação, cujo julgamento será com base em dois critérios: proposta de compra de exemplares e reputação no mercado. A adesão desses quesitos, assim se justifica: a aquisição e doação de exemplares são atos legais, estrategicamente interessantes e humanitários, ou seja, respectivamente: os exemplares serão adquiridos no site da Amazon, que emitirá nota fiscal; a H divulgará a sua marca para milhões e milhões de compradores, e; praticará ato de generosidade cognitiva, ao disponibilizar o conhecimento das essências do atendimento primoroso para seus colaboradores internos — mormente aos que atuam em atendimentos ou vendas — e externos, como representantes, franqueados, fornecedores e afins. O requisito "reputação" advém do perfil da obra, ou seja, seria incoerente divulgarmos marcas cujas reputações no mercado colidem com a essência da obra (atendimento primoroso).

Esperando por reciprocidade, EP se desapontou com a seguinte resposta:

Bom dia professor, conversei internamente com a diretoria, porém infelizmente não iremos fazer o aporte para a participação da nossa marca no livro. Estamos com algumas ações e projetos em treinamento comercial que comprometem a verba que dispomos.

Moral do caso: não é preciso ter uma capacidade sobrenatural de análise para compreender que em razão de a obra verter conhecimentos sobre atendimento — inclui capítulos, como: etapas do atendimento, negociação em atendimentos, comércio eletrônico, qualidade do atendimento, análise e desenvolvimento do atendimento — a aquisição de exemplares poderia contribuir com as "ações e projetos em treinamento comercial". Destarte, permaneceu a linguagem da negação. Em outros termos, vigorou a reiterada expressão bíblica "Venha a nós o vosso reino"[70], no entanto, imperou a falta de reciprocidade, ou seja: "no que depende de nós, nada será concedido ao vosso reino". Destarte, cadê o senso de reciprocidade?

---

[70] Segundo o Boletim Salesiano "A expressão é encontrada 122 vezes no Novo Testamento. Nos três Evangelhos resumidos é citada 99 vezes, das quais 90 nas palavras de Jesus". Boletim Salesiano. *A oração do Senhor*: "Venha a nós o vosso reino". Disponível em: <http://boletimsalesiano.org.br/index.php/igreja/item/228-a-oracao-do-senhor-venha-a-nos-o-vosso-reino>. Acesso em: 23 set. 2018.

Apêndice 2
Sobre o autor

Éder Paschoal Pinto iniciou sua carreira em organizações não acadêmicas e ultimamente tem prestado serviços para o ensino superior e conduzido seus próprios empreendimentos.

Participou como professor visitante na George Washington University (School of Business) e na Australian National University (Research School of Management).

Conquistou os seguintes diplomas no ensino superior:

1. Doutor em Administração de Empresas, outorgado pela Escola de Administração de Empresas de São Paulo, Brasil (EAESP FGV);
2. Mestre em Administração de Empresas, outorgado pela Pontifícia Universidade Católica de São Paulo (PUCSP);
3. Especialista em Didática do Ensino no Ensino Superior, outorgado pela Universidade São Judas Tadeu (USJT);
4. Bacharel em Administração de Empresas, outorgado pela Universidade Presbiteriana Mackenzie (UPM);
5. Bacharel em Ciências Contábeis, outorgado pela Universidade Cidade de São Paulo (UNICID).

Publicou seis livros de gestão, cinco capítulos de livros e vários artigos em periódicos científicos. Adicionalmente, organizou a produção de um livro de negócios.

Entre outras empresas, trabalhou para:

- Centro Universitário Christus (UNICHRISTUS), como consultor acadêmico;
- Faculdade de Administração de Minas Gerais (FEAD), como professor do curso de Mestrado em Administração;
- Air Products and Chemicals, Inc., como Supervisor de Relações Industriais;
- Furukawa Industrial S.A., como Supervisor de Recursos Humanos;
- Philips Morris International Inc., como Supervisor de Vendas.

Desenvolvimento Organizacional sob Medida

Objetivo

Apresentar alguns dos temas sobre os quais tenho competências teórica e prática, que podem ser desenvolvidos por meio de estratégias de desenvolvimento organizacional, como: consultoria, palestra, workshop, painel ou curso tradicional. Nessa esteira seguem temas de desenvolvimento da gestão da força de trabalho e de marketing.

Gestão da Força de Trabalho

1. *A natureza e o tratamento do conflito* — impactos no ambiente de trabalho e na produtividade.
2. *Características da cultura da empresa e suas adequações ao negócio* — estratégias para reorientá-la em prol do clima organizacional e da produtividade.
3. *Como gerenciar o desempenho de cada colaborador e das equipes, em prol do bem-estar e da produtividade* — o poder da gestão apropriada.
4. *Como transformar a motivação de cada colaborador em ações produtivas* — o poder de diagnósticos e de planos motivacionais de desenvolvimento.
5. *Compreendendo o compromisso de cada colaborador e estabelecendo estratégias para fortalecê-lo* — o poder de diagnósticos e de ações centradas em fatores que alicerçam o comportamento e as atitudes.
6. *Concepções de liderança e suas orientações para a produtividade* — o poder da análise e aplicação dos princípios de orientação que fazem a diferença na obtenção da produtividade.
7. *Cultura gerencial, motivação e desempenho* — aplicando o poder desse tripé a favor do bem-estar e da produtividade.
8. *O impacto da orientação do indivíduo para o ser ou para o ter em seu desempenho cotidiano, em sua carreira profissional e na produção da equipe de trabalho da qual ele participa.*

Gestão de Marketing

1. *Ciclo e etapas da definição e gestão de estratégias mercadológicas* — o olhar para as partes e para o conjunto do "elefante".
2. *Definição e comunicação do composto promocional* — associando o composto da empresa produtora ao composto dos intermediários e ao dos compradores finais.
3. *Etapas do atendimento primoroso a clientes* — o poder das ações sequenciais lógicas e tempestivas.
4. *Falhas mercadológicas "quase" imperceptíveis e seus impactos na confiança do comprador e nos lucros da empresa.*
5. *Fundamentos e processo da negociação realizada com critérios legítimos e objetivos* — como aplicá-los intramuros e extramuros em prol do bem-estar e da lucratividade.

6. *Pressupostos e critérios adotados na formação de preços* — impactos na captação e manutenção de clientes e no faturamento.

Contato

paschoal.eder@gmail.com; paschoal.eder@outlook.com.

www.ingramcontent.com/pod-product-compliance
Lightning Source LLC
Chambersburg PA
CBHW030645220526
45463CB00004B/1645